엄마! 내 머리 깎지 마세요~

초보 엄마를 위한 육아상식 Q&A

엄마! 내 머리 깎지 마세요~

초보 엄마를 위한 육아상식 Q&A

호소야 료타 지음 | 안미연 옮김

사랑 나무

　모든 엄마는 자신의 아이를 최고로 기르고 싶어 합니다. 그래서 아이에게 좋다는 것은 무엇이든 다 해주려고 하지요.

　아이 머리숱이 적다고 생각되면 머리카락을 다 깎아 주고, 우유가 몸에 좋다니까 아이가 목이 마르다고 해도 물 대신 우유만 먹이는 엄마도 있습니다. 부모는 키가 작지만 내 아이만은 쑥쑥 크기를 바라며 날마다 쭉쭉이를 해주기도 합니다.

　그러다 문득 이런 생각이 듭니다. '정말 그럴까?'

　이 책에서는 한 번이라도 그런 의심을 해본 엄마들을 위해, 그 동안 잘못 알고 있었던 육아상식을 바로 잡고, 아이를 돌보는 데 바람직한 방법을 제시해 보았습니다.

　소아과 의사로서 그 동안 많은 엄마와 아이들을 접하면서 아이를 돌보는 데 있어서 잘못 알고 있는 상식과, 좋은 방법이 있는데도 엄마들이 잘 모르는 경우가 참 많다는 것을 알게 되었습니다. 그래서 엄마들이 평소에 궁금해 하는 아이의 식생활, 발달, 건강, 질병, 일상 생활에서 아이를 돌보는 구체적인 방법을 이 책에 담아 보았습니다.

　필자의 경험을 기초로 한 이 육아서가 많은 엄마들에게 조금이나마 도움이 되었으면 좋겠습니다.

호소야 료타

목차

발달에 관한 Q&A
제2장 쭉쭉이를 해주면 키가 더 크나요

건강에 관한 Q&A

제3장 응가를 매일매일 보아야 하나요

질병에 관한 Q&A

제4장 젖을 다 토해내요

일상 생활에 관한 Q&A

제5장 엎어서 재우면 머리 모양이 예뻐질까요

엄마를 위한 Q&A

제6장 육아법에도 세대 차이가 있어요

제1장 분유를 먹인 아이가 더 뚱뚱해지나요

1

모유를 먹지 않은 아이는 병에 잘 걸리나요

모유는 아이가 균형잡힌 영양을 섭취할 수 있는 가장 완벽한 음식입니다. 모유 성분은 아이의 월령에 따라 변하면서 아이의 성장 단계에 맞춰집니다. 또한 모유를 먹고 자란 아이는 대체로 성격이 원만하다고 합니다. 정서적 안정과 함께 모유 속에 포함된 면역 성분으로 잔병치레를 덜하기 때문이지요.

아이가 태어난 지 적어도 6개월까지는 모유를 먹이는 것이 좋습니다. 모유에 들어있는 '면역 글로블린(IgA)'이 소화관의 점막을 보호해 주기 때문이지요. 면역 글로블린은 생후 한 달까지 나오는 모유에 많이 포함되어 있습니다. 그러므로 모유를 먹은 아이가 먹지 않는 아이보다 면역 성분을 더 많이 받을 수 있겠지요.

면역 글로블린은 아이의 체내에 나쁜 세균이 번식하지 못하게 해서 설사나 폐렴, 기생충 등이 생기는 것을 예방해 주기도 합니다. 만약 부모 중 음식 알레르기로 인한 천식이나 습진 등을 앓은 사람이 있다면 반드시 6개월 이상 모유를 먹이세요. 그러면 알레르기도 예방할 수 있습니다.

하지만 모유를 먹이지 못했다고 해서 아이의 면역력이 급격히 떨어지는 것은 아닙니다. 아이에게 꼭 필요한 면역 성분들은 이미 태내에서 태반을 통해서 전달되었기 때문입니다.

아이에게 모유를 먹일 것을 권하는 데에는 다른 이유들도 있습니다. 엄마가 아이를 안고 모유를 먹이면 아이는 신체 접촉을 통해서 따뜻함과 사랑을 느낍니다. 또한 모유를 먹이는 것은 아이의 턱 근육 강화에 좋고, 아이의 손가락을 빠는 습관도 예방되어 치아가 고르게 나도록 도와 줍니다.

아이에게 모유를 먹이면 산모의 산후 회복에도 좋습니다. 젖을 먹이면 산모의 몸에서는 '옥시토신'이라는 물질이 나와서 자궁을 빠르게 수축시키며 출산 후의 출혈을 멎게 합니다.

모유가 좋은 이유

· 아이에게는 정서적 안정과 함께 균형 잡힌 영양을 공급하고, 면역 성분을 공급해 준다.
· 알레르기를 예방하고 이와 턱 근육 운동을 도와 준다.
· 산모의 자궁을 빠르게 수축시켜 산후 조리에 도움을 준다.

모유가 묽어지면 영양이 부족해지나요

수분을 많이 섭취한 날은 모유의 양이 많아지면서 약간 묽어집니다. 그러나 하루에 필요한 모유의 영양 성분은 크게 변하지 않습니다.

건강한 엄마에게서 나오는 모유가 가끔씩 묽어지는 것은 걱정할 일이 아닙니다. 다만, 건강하지 못한 엄마에게서 나오는 모유는 영양 상태가 좋지 않습니다. 그러므로 수유하는 엄마의 건강은 매우 중요합니다. 모유를 먹이는 엄마는 자신과 아이를 위해서 음식을 골고루 잘 먹고, 정신적으로도 스트레스가 없는 생활을 해야 합니다.

분유를 먹인 아이가 더 뚱뚱해지나요

예전에는 분유를 만드는 기술이 부족해서 모유보다 분유에 지방 성분이 많이 들어있었습니다. 엄마의 영양 상태도 좋지 않아서 모유를 먹고 자란 아이가 분유를 먹고 자란 아이보다 체격이 좀 작았지요. 그래서 분유를 먹고 자란 아이가 뚱뚱해진다고 생각되었습니다.

그러나 요즘에 나오는 분유는 모유 성분에 거의 가깝습니다. 그러므로 분유를 먹인다고 해서 뚱뚱해지는 것은 아닙니다.

요즘 아이들이 뚱뚱해지는 것은 운동이 부족해서입니다. 아이가 활동적으로 놀지 않고 자꾸 누워 있으려고 하거나, 활동량에 비해 너무 통통하다면 많이 움직일 수 있는 환경을 만들어 주세요. 아이가 움직이기 좋게 주위를 정리해 주고, 아이가 만지고 싶어하는 물건들을 잡을 수 있는 거리에 놓아 둡니다. 옷을 얇게 입혀서 활동성 있게 해주는 것이 좋습니다.

잘 먹어도 비타민 K가 부족해질 수 있나요

우리 몸에 필요한 비타민의 양은 매우 적지만, 우리 몸의 생명 유지에 없어서는 안 될 필수적인 요소입니다. 비타민은 체내에서 만들어지는 양이 적으므로 반드시 음식을 통해 섭취해야 합니다.

비타민은 탄수화물, 지방, 단백질, 무기질이 몸속에서 잘 합성되도록 도와 주고 있읍니다. 비록 필요한 양은 적지만 부족해지면 다른 영양소들도 영향을 받아 우리 몸의 생명 유지에 지장을 주게 됩니다.

비타민은 수용성 비타민과 지용성 비타민, 두 가지로 분류되는데, 비타민 K는 지용성 비타민입니다. 열에 강하고 식품을 조리하는 과정에서 손실이 적으며 체내에 저장되지만, 지방의 흡수율이 떨어지면 비타민 K도 부족하게 됩니다.

비타민 K는 대장에 있는 대장균이 만들어 내는 것으로서, 부족하면 출혈이 생깁니다. 아이가 생후 1, 2개월에는 아직 장에 대장균이 없어서 비타민 K를 만들어 내지 못합니다. 그러므로 아이가 생후 1, 2개월까지 모유만 먹는다면 비타민 K가 부족해지기 쉽습니다.

예전에는 비타민 K 부족으로 인한 출혈성 질환으로 생명이 위태로운 아이도 있었습니다. 요즘에는 산부인과 병원에서 아이가 태어나면 시럽을 먹여서 비타민 K를 보충해 주고 있습니다.

비타민 K가 하는 일

비타민 K는 단백질 형성을 도와 준다. 비타민 K가 결핍되면 단백질이 잘 생기지 않아 혈액 응고가 안 된다. 혈액 응고가 안 되면 피하출혈, 내출혈 등이 일어나고, 이 상태가 지속되면 죽음에 이를 수도 있다. 비타민 K가 들어있는 식품으로는 양배추, 시금치, 당근, 완두 등 녹황색 채소나 해초 등이 있다.

울 때마다 젖을 먹여야 하나요

아이가 음식을 먹고 싶어 할 때 먹이는 것이 가장 자연스럽습니다.

모유의 양은 아이의 월령이나 밤낮에 따라 다릅니다. 신생아는 보통 하루에 10회에서 15회 정도 젖을 먹습니다. 아이는 한 번에 먹을 수 있는 양이 적고, 엄마도 먹이는 방법이 서툴러서 여러 번 먹여야 하지요.

생후 한 달 정도 지난 후부터는 한 시간 반에서 두 시간 반 정도, 일정한 간격으로 먹이세요. 아이가 조금만 울거나 짜증을 낸다고 해서 바로 모유를 먹이는 것은 바람직하지 않습니다. 아이가 신체에 비해 너무 많은 양을 먹게 되어 아이에게 부담이 될 수 있습니다.

5개월이 넘어서도 아이가 밤에 자주 깨서 운다면 가족들 모두 편히 잠자기 위해 모유를 약간 먹이는 것도 괜찮습니다.

자고 있는 아이를 일부러 깨워서 먹일 필요는 없습니다. 밤과 낮의 리듬이 바뀌어서 낮에 계속 잠만 잔다든지, 부득이 수유 시간에 수유를 할 수 없을 때는 아이가 자고 있어도 깨워서 먹일 수밖에 없겠지요.

그리고 먹는 도중에 아이가 머뭇거리며 잠들려고 하거나 충분히 먹지 않는다면 살짝 깨워서 충분히 먹인 후, 트림을 시켜 주세요.

짜놓은 모유는 어떻게 보관하나요

모유는 냉동 보관이나 냉장 보관 모두 가능합니다. 하지만 오랫동안 보관해야 하는 경우라면 반드시 냉동 보관을 해야 합니다. 보관할 때에는 위생적으로 삶은 우유병에 담아 놓아야 합니다.

모유를 냉장 보관할 때에는 섭씨 5도 이하에서 보관해야 하고, 냉장 보관한 모유는 12시간 이내에 먹여야 합니다. 만약 냉장고 문을 자주 여닫거나, 냉장고가 꽉 차서 냉장고 내부 온도가 일정하게 유지될 수 없다면 반나절 이상 냉장 보관하지 마세요.

가장 안심할 수 있는 방법은 아예 처음부터 냉동 보관하는 것입니다. 냉동하면 한 달 정도는 보관할 수 있습니다.

아이가 먹다 남긴 모유는 더 이상 보관하지 않는 것이 좋습니다. 한 번 해동된 모유는 쉽게 상하기 때문입니다.

냉동된 모유는 전자 레인지에서 해동하나요

냉동 보관한 모유는 신선도는 좀 떨어지지만 영양 성분이나 면역체는 변하지 않습니다. 그래서 엄마가 직장에 다니거나 아이에게 수유를 할 수 없는 경우에 좋은 보관법입니다.

냉동했던 모유를 해동할 때는 조심해야 합니다. 전자 레인지는 단시간에 음식물을 데우지만 식품 내에 들어있는 성분을 파괴시킵니다. 뿐만 아니라 음식을 전체적으로 골고루 데우지도 못합니다.

냉동한 모유를 해동할 때에는 섭씨 50도 정도의 물에 중탕을 하거나 상온에서 녹이는 것이 좋습니다. 우선 찬물을 끼얹고 조금 기다렸다가 미지근한 물에 담급니다. 그런 다음 점차 뜨거운 물에 넣어 천천히 녹이세요. 냉동한 모유는 자연스럽게 녹이는 것이 좋습니다.

찬 우유를 먹으면 장이 튼튼해지나요 ✕

아이가 찬 우유를 먹으면 장이 튼튼해진다는 이야기가 있습니다. 그래서 아이에게 우유를 차갑게 해서 주는 엄마도 있습니다. 하지만 이 말은 의학적 근거가 전혀 없는 이야기입니다.

갓 태어난 아이들의 장 기능은 아직 미숙해서 찬 음식을 먹으면 소화, 흡수가 잘 되지 않고, 배앓이를 할 수도 있습니다.

특히 아이가 설사를 할 때 차가운 음식을 먹이면 장 운동이 활발해져서 설사가 심해질 수 있습니다. 아이에게는 되도록이면 불필요한 긴장이나 자극을 주지 않는 것이 좋습니다.

신생아에게 가장 좋은 식품인 모유는 항상 따뜻한 온도로 일정하게 유지됩니다. 따라서 우유도 섭씨 40도 정도 온도를 유지해 주어야 합니다. 엄마 손목에 떨어뜨려 보았을 때 따뜻해야 아이에게 좋습니다.

9

우유를 먹어도 철분이 부족해지나요

우유는 양질의 단백질과 칼슘이 풍부한 식품입니다. 하지만 우유에는 철분이 충분하게 들어있지 않고, 게다가 철분의 흡수도 방해합니다. 따라서 아이가 우유만 먹게 되면 빈혈이 생길 수 있습니다.

아이가 목말라 하면 물을 주지 않고 우유를 주는 엄마도 있고, 우유를 하루에 1리터 이상이나 먹게 하는 엄마도 있습니다. 아무리 몸에 좋은 우유라도 하루에 1리터씩이나 먹으면 아이는 우유만으로 배가 불러옵니다.

우유 1리터에는 약 600Kcal의 에너지가 들어있습니다. 두 살짜리 아이가 하루에 필요로 하는 에너지는 약 1200Kcal입니다. 만약 아이가 하루에 우유를 1리터나 마신다면, 아이는 우유 한 가지만으로 하루에 필요한 에너지의 절반을 섭취하게 됩니다. 우유만 먹고도 배가 부른데 밥을 잘 먹을 리가 없겠죠. 아이가 마시는 우유는 하루에 400cc 정도면 충분합니다.

아이는 자라면서 우유에 들어있는 영양소뿐만 아니라 다른 많은 영양소도 섭취하고 다양한 음식을 맛보아야 합니다. 이런 시기에 우유를 너무 많이 먹으면 아이는 다른 음식을 먹기 싫어하고 나중에는 우유 자체에 질리기도 합니다.

가정의 식사도 한번 살펴보세요. 음식에 들어있는 철분은 전부 흡수되는 것이 아닙니다. 예를 들어 계란 노른자에 들어있는 철분은 흡수가 잘 안 되지요. 그래서 우유만 먹으면 빈혈이 생길 수 있습니다. 멸치 같이 뼈째 먹는 생선, 푸른 잎 채소, 두부 같은 콩류 등, 칼슘도 여러 가지 식품을 통해서 섭취하는 것이 좋습니다.

철분제는 많이 먹으면 안 돼요

아이가 빈혈이 있으면 의사의 처방에 따라 철분제를 먹이게 되는데, 물약으로 된 철분제를 먹이는 것이 좋다. 아이가 알약을 잘 먹지 못한다면 주스 등에 타서 녹여서 먹여도 된다.

하지만 너무 많이 먹으면 아이가 설사나 복통, 구토 등을 일으킬 수 있다. 아이가 빈혈인 것 같으면 전문의와 상담한 후 처방에 따라 철분제를 먹여야 한다.

10

설사할 때 우유를 먹여도 되나요

설사할 때 우유를 먹여야 할지 말아야 할지는 설사를 하는 정도에 따라 다릅니다. 만약 설사가 심하다면 반나절이나 하루쯤은 우유를 먹이지 않는 것이 좋습니다.

우유에는 '유당'이라는 당분이 들어있습니다. 유당을 소화하는 효소는 장의 점막 중 음식과 가장 먼저 접촉하는 제일 안쪽에 있습니다. 설사가 계속되면 설사와 함께 유당을 소화하는 효소가 줄어들지요. 유당 소화 효소가 없으니까 우유를 마셔도 소화가 안 되고 일시적으로 유당이 부족한 상태가 됩니다. 이런 상태에서 계속해서 유당이 포함된 우유를 먹이면 소화는 더 안 되고 설사는 심해집니다.

설사가 나온다고 바로 지사제를 먹이는 것도 좋지 않습니다. 설사는 아이의 몸에서 나쁜 것을 내보내는 역할을 합니다. 따라서 설사를 일으킨 원인을 치료하지 않고 멎게만 한다면 증세가 악화될 수도 있습니다. 설사에 코 같은 점액이나 피가 섞여 나올 때는 더욱 지사제를 복용해서는 안 됩니다. 이때는 전문의 에게 가서 상담해야 합니다.

설사할 때는 이렇게

· 보리차, 이온 음료, 끓여서 식힌 물 등으로 수분을 보충해 준다.

· 물의 온도는 체온에 가깝게 하고, 너무 찬 것은 피한다.

· 엉덩이를 잘 씻어 준다. 심하게 닦아 주지 말고 좌욕이나 샤워 정
도만 해주며 부드러운 거즈로 두드리듯 물기를 닦아 준다.

· 설사로 피부병을 일으킬 수 있으니 기저귀를 자주 교환해 준다.

· 소화하기 어려운 것이나 지방이 많은 것은 피한다.

· 흡수가 잘 되는 쌀미음이나 쌀죽을 먹인다.

과즙은 얼마나 먹여야 하나요

과즙은 수분 섭취 외에도 비타민 C나 미네랄, 칼슘 등을 섭취해 주기 위해서 먹입니다. 먹이는 것은 어른과 같은 이치입니다. 어른도 밥을 먹기 전에 과일이나 주스를 먹으면 식욕이 떨어지지요. 아이도 과즙을 너무 많이 먹어서 배가 부르면 다른 음식을 많이 먹지 못합니다.

또한 과즙의 달콤한 성분 때문에 아이가 먹고 싶어 하는 만큼 과즙을 먹이면 다른 음식을 먹을 수 없게 되므로 주의해야 합니다.

과즙을 먹이는 방법 ─────

· 처음에는 묽게 해서 먹이고 조금씩
  진하게 먹인다. 그러다가 점차 과즙
  상태 그대로 먹인다.
· 과일에 따라 먹이는 방법이 조금씩 다르
  다. 사과 같이 자극적이지 않은 것은 갈아서 그대로 주어도 되지
  만, 너무 시거나 단맛이 강한 것은 묽게 해서 먹이는 것이 좋다.

커피나 홍차를 먹이면 왜 나쁠까요

커피나 홍차는 카페인이 많은 음료입니다. 카페인은 위를 자극하기 때문에 밥을 먹지 않은 상태에서 먹으면 속이 쓰리거나 아프기도 합니다. 카페인에 예민한 사람은 저녁에 마신 커피 때문에 밤에 잠을 제대로 못 자기도 하지요.

아이에게는 카페인이 없는 음료를 먹여야 합니다. 커피나 홍차 같은 음료는 어른들이 일상 생활에서 많이 마시기 때문에 아이들도 마시고 싶어하기 마련입니다. 하지만 아이가 마시고 싶어하는데 무조건 못 마시게 하는 것은 오히려 좋지 않습니다. 이때는 농도를 연하게 하고 우유를 듬뿍 넣어 주세요.

13

이유식은 직접 만들어 주어야 하나요 ✕

이유식은 직접 만들어 먹이는 것과 사서 먹이는 것 둘 다 좋습니다. 시판하는 이유식은 엄마가 조리하기 간편하고, 아이에게 필요한 영양소가 골고루 들어있습니다. 또한 엄마가 직접 만든 이유식은 경제적이고, 아이에게 다양한 맛을 느끼게 할 수 있습니다.

하지만 아이에게 중요한 것은 식사하는 분위기입니다. 엄마가 정성을 다해서 직접 만들어 준 것이라고 해도 식사하는 환경이 아이에게 불편하게 느껴지면 엄마의 정성은 의미가 없어집니다.

시판하는 이유식을 먹일 때에도 캔이나 병째 주지 말고 아이가 좋아하는 예쁜 그릇에 담아 주고, 즐거운 분위기에서 먹게 해주세요. 알레르기가 있는 아이라면 시판하는 이유식을 살 때 반드시 성분을 확인해야 합니다.

이유식을 만들 때 주의할점

· 위생적이어야 한다.

· 신선한 재료를 사용해서 싱겁게 만든다.

· 바르게 앉아서 먹도록 한다. 한 손으로는 아이의 어깨를 잡아 주어 넘어지지 않도록 해주는 것이 좋다.

· 아이가 도구를 사용해서 음식을 먹는 법과 다양한 맛에 적응할 수 있는 여유를 준다.

· 이유식은 아이가 소화시킬 수 있고, 알레르기를 일으키지 않게 해주어야 한다. 야채는 잘 데치고, 떫은 맛이 심한 것은 떫은 맛을 제거한 후에 준다.

· 처음에는 재료를 매우 잘게 으깨어 부드럽게 해서 먹인다.

· 하루 한 숟가락부터 시작해서 3일마다 한 숟가락씩 늘려 간다.

· 하루에 한 가지 식품을 세 숟가락 이상 먹을 수 있게 되면 새로운 식품을 한 가지씩 추가하면서 서서히 종류를 늘려 간다.

· 개월 수가 증가함에 따라 맛의 강도, 자르는 방법, 조리 방법을 다양하게 한다.

· 이유식도 규칙적으로 주어야 한다. 오전중의 수유하던 시간에 하는 것이 좋다.

이온 음료가 물보다 더 좋은가요

시중에 이온 음료나 스포츠 음료가 많이 나와 있습니다. 최근에는 어린이용 이온 음료도 많이 나와 있지요. 광고를 보면 이온 음료가 물보다 훨씬 좋은 음료라고 생각될 수도 있습니다.

아이가 감기에 걸려서 열이 많거나 설사를 해서 수분을 많이 빼앗겼을 때는, 의사가 이온 음료를 권하기도 합니다. 하지만 건강할 때는 이온 음료보다 물을 먹이는 것이 좋습니다.

수돗물의 소독약 냄새 제거하려면 뚜껑을 열어 놓은 채로 끓인 후에 뚜껑을 열어 놓은 채로 식힌다.

채소 대신 과일만 먹어도 괜찮을까요

채소와 과일 둘 다 비타민 C의 중요한 공급원입니다. 하지만 감기를 예방하는 비타민은 시금치나 당근 같은 녹황색 채소에는 풍부하지만, 과일에는 적게 들어있습니다. 또한 채소에는 칼슘이 많이 들어있는 것도 있습니다. 과일과 채소는 비슷하지만 서로 대체할 수 있는 식품은 아닙니다.

아이가 채소를 싫어하는 것은 조리법 때문입니다. 양배추나 오이 같이 섬유질이 많은 채소는 어금니가 모두 나오는 두 살까지는 생으로 먹기 힘듭니다. 그러므로 끓이거나 볶아서 부드럽게 해서 주세요.

이유식 단계부터 다양한 음식을 골고루 먹이고 아이 발달에 맞게 조리해 주어야 합니다. 그러면 아이는 씹기 좋고 소화도 잘 되므로 채소를 좋아하게 되고 편식도 하지 않게 됩니다.

밥은 안 먹고 반찬만 먹는데 괜찮을까요

아이가 식욕이 없고 밥을 먹지 못할 때 엄마들은 '반찬을 먹으니까 밥은 안 먹어도 괜찮겠지.' 하고 생각하기 쉽습니다. 또 아이의 체중이 늘어나면 밥을 줄이는 엄마도 있습니다. 하지만 아이들은 반찬뿐만 아니라 밥도 충분히 먹어야 합니다.

아이들은 하루 종일 잠시도 쉬지 않고 뛰어다닙니다. 열심히 이야기하고 놀면서 많은 것을 배우는 아이들에게 밥이나 빵, 면 등의 탄수화물은 매우 중요한 에너지원입니다. 우리 식생활의 주식인 밥에는 탄수화물이 들어있고, 이 탄수화물은 우리의 두뇌와 신체 활동에 꼭 필요한 영양소입니다.

그러므로 아이들은 밥을 적게 먹으면 자신에게 필요한 에너지원을 다른 것으로 섭취하려고 합니다. 밥을 적게 먹는 아이가 과자나 사탕, 초콜릿 등을 좋아하는 이유도 바로 이 때문이지요.

5대 영양소의 역할과 공급원

탄수화물 인체에 필요한 대부분 열량을 공급하는 주요 열량소. 공급원은 쌀, 보리, 감자, 고구마, 밀가루, 녹말 가루, 식빵, 케이크 등.

단백질 열량 공급 및 세포를 구성하는 기본 요소. 근육, 피부, 모발, 손발톱 등의 주성분. 공급원은 쇠고기, 닭고기, 생선, 조개, 두부, 콩, 된장, 달걀, 치즈 등.

칼슘 뼈와 이의 구성 요소. 공급원은 멸치, 뱅어포, 새우, 사골, 우유, 요구르트, 아이스크림 등.

비타민 탄수화물, 지방, 단백질의 효율적인 이용을 도와 준다. 체내에서 생기지 않으므로 반드시 식품으로 섭취해야 하는 영양소. 공급원은 녹황색 채소, 사과, 딸기, 미역, 다시마, 과일 주스 등.

지방 에너지원으로서 탄수화물의 두 배가 넘는 열량을 낸다. 필요 이상으로 섭취하면 나머지 열량은 피하 지방으로 저장된다. 공급원은 참기름, 콩기름, 깨소금, 버터, 마가린 등.

칼슘을 어떻게 섭취해야 하나요

칼슘은 뼈나 치아 발육에 중요한 영양소로서 성장기에 많이 섭취해야 합니다. 만 3세 아이의 하루 필요 칼슘량은 400mg으로, 우유 400cc에 충분히 들어있습니다. 아이가 우유를 잘 마시지 않는다면 푸른 잎 채소나 해초, 뼈째 먹는 생선 등을 먹입니다.

정상적인 식생활을 하고 있는 아이라면 칼슘 부족은 되지 않습니다. 잘못된 식생활, 예를 들어 밥을 거의 안 먹는다든지, 우유를 전혀 안 먹는다든지, 반찬을 잘 안 먹고, 과자나 주스만 먹는다면 문제가 될 수 있겠지요. 병적인 편식으로 인해 신체 호르몬에 이상이 일어날 수 있고 영양이 불균형해질 수 있습니다.

요즘 아이들의 뼈가 잘 부러지는 이유는 음식에서 섭취하는 칼슘이 부족하기 때문이 아니라 운동 부족 때문입니다. 뼈를 튼튼하게 하기 위해서는 칼슘도 필요하지만 운동도 반드시 필요합니다. 운동을 하면 뼈가 더 조밀해지고 튼튼해집니다.

칼슘 흡수를 도와 주는 영양소

칼슘은 우유나 요구르트, 치즈 같은 유제품, 뼈째 먹는 생선, 두부, 야채 등에 들어있지만 흡수율이 매우 낮은 영양소이다.

우유나 생선이 좋은 칼슘 공급원이라고 하는 이유는 칼슘과 함께 단백질도 포함하고 있기 때문이다. 칼슘의 흡수율을 높이려면 단백질이나 비타민 D가 반드시 있어야만 한다. 비타민 D는 자외선을 쐬는 것만으로도 체내에서 만들어진다. 햇빛이 좋은 날 산책이나 운동을 하면 일광욕도 되고 비타민 D도 증가한다. 그러므로 아이들에게는 여러 모로 운동이 중요하다.

18

어떻게 해야 아이가 밥을 잘 먹을까요

아이에게 너무 일찍부터 밥을 먹이면 처음에는 오물거리는 느낌이 신기해서 잘 받아 먹지만, 나중에는 먹는 양도 늘지 않고 이유식마저도 먹지 않으려고 합니다. 아이의 성장 리듬에 맞지 않기 때문이지요. 한 살 전에 밥을 먹는 아이라도 밥을 먹이기 전에 먼저 죽을 먹이는 것이 좋습니다.

아이가 밥을 잘 받아 먹어도 아직 소화를 잘 시키지는 못합니다. 그리고 밥을 먹으면 다른 영양소도 섭취해야 하므로 골고루 여러 가지 반찬을 먹어야 하는데, 아직 아이는 반찬도 먹을 수가 없습니다.

아이가 한 살이 지난 후에도 밥을 잘 안 먹는 이유는 엄마가 식습관을 잘못 들인 때문입니다. 그러므로 아이의 성장 발달을 잘 파악해서 적당한 시기에 죽을 먹인 후, 아이가 충분히 소화시킬 능력이 되었을 때 밥을 주어야 합니다.

아이는 먹기 편한 음식을 좋아합니다. 고체 음식보다는 액체 음식을 더 좋아하지요. 아이가 우유만 먹으려 해도 우유를 조금씩 줄이면서 다른 음식들을 먹여야 합니다. 우유만 먹다가는 다른 영양소를 골고루 섭취하지 못합니다.

밥을 물에 말아 아이에게 주는 엄마도 있는데, 그렇게 먹이면 침에 있는 소화 요소인 '아밀라아제' 가 제대로 작용하지 못하고, 밥알을 제대로 씹지 않고 삼키므로 소화도 잘 안 됩니다. 덩어리를 씹는 훈련도 제대로 못하지요. 반찬도 골고루 먹을 수가 없어서 영양이 불균형해지기 쉽습니다.

성인과 마찬가지로 아이에게도 아침밥을 먹여야 합니다. 아이는 활동량이 많기 때문에 하루 동안에 많은 에너지를 소모합니다. 밤새 자느라고 아무 것도 먹지 않은 상태에서 아침도 먹지 않으면, 아이는 오후가 되면 힘이 없어서 지쳐버립니다.

아침을 먹지 않으면 뇌의 활동에도 지장을 줍니다. 공복감이 뇌를 자극해 아이를 불안정하게 만들 뿐만 아니라 위에도 부담을 주지요. 속이 쓰리고 신체 리듬이 깨져 버립니다.

아이에게 아침을 먹이는 것은 영양적인 측면뿐만 아니라 규칙적인 생활에도 중요합니다. 그러므로 아이가 아침에 질 일어나시 못하고, 밥을 먹지 않으려 해도 꼭 밥을 먹이도록 하세요.

19

생선회는 언제부터 먹여도 될까요

회를 좋아하고 즐겨 먹는 부모라면 아이에게도 맛있는 회를 먹이고 싶어할 것입니다. 부모만 맛있는 음식을 먹는다는 미안함 때문에 아이에게도 회를 주고 싶겠죠.

생선회는 소화도 잘 되고, 얇게 썰면 부드러워서 먹기에 좋은 음식입니다. 그러나 회는 익히지 않은 것이기 때문에 세균에 대한 저항력이 약한 아이들에게는 큰 문제가 될 수도 있습니다. 생선 알레르기가 있는 아이에게는 더 위험하지요.

생선회 같은 날것은 너무 어린 아이나 이유식이 아직 끝나지 않은 아이에게는 먹이지 않는 것이 좋습니다.

한 살이 안 되었는데 꿀을 먹여도 될까요

꿀은 벌이 꽃에서 모아 놓은 천연 당분입니다. 많은 양의 비타민 B 와 철분이 들어있어서 몸에 좋지요.

하지만 꿀은 소독이나 항균 처리가 되지 않은 자연 상태이기 때문에 '폴리누스'라는 균이 들어있습니다. 그러므로 면역성이 약한 한 살 이 전의 아이에게는 먹이지 않는 것이 좋습니다. 아이가 세균에 쉽게 감 염될 수 있습니다. 특히 영아기에는 단 것을 많이 먹는 것이 좋지 않으 므로 먹이지 않도록 하세요.

제2장 쭉쭉이를 해주면 키가 더 크나요

대소변을 못 가려요

아이가 항문 주위의 근육을 스스로 수축과 이완을 할 수 있어야 대소변을 가릴 수 있습니다. 아이가 자유롭게 걸어 다닐 수 있으며, 혼자서 옷을 입거나 벗을 수 있을 정도는 되어야 가능하지요.

아이가 안정되게 앉을 수 있으면 아침 식사 후나 아이가 변을 보는 시간에 규칙적으로 변기에 앉힙니다. 변기는 항상 따뜻하게 해주고 아이의 엉덩이가 빠지지 않는 크기라야 합니다.

아이용 변기는 사용 후에 항상 깨끗이 소독해야 합니다. 변기에 앉기 싫어할 때 억지로 앉혀서는 안 됩니다. 아이가 일어나려 할 때 1초라도 더 앉히려고 애쓸 필요도 없습니다.

아이는 따라하는 것을 좋아합니다. 아이용 변기를 화장실 안에 놓고, 아이가 평소에 변을 누는 시간에 엄마도 같이 대변을 보는 것입니다. 엄마와 마주 앉아서 힘을 주는 모습과 소리를 아이가 따라하게 하면서 대변을 보도록 유도합니다. 이웃집 아이가 변기에 앉아 변을 보는 모습을 보게 될 경우엔 아이도 따라하면서 자연스럽게 훈련이 될 수 있습니다.

대소변 가리기 훈련을 할 때 엄마는 아이에게 대소변에 대한 혐오감을 갖게 해서는 안 됩니다. 냄새가 난다고 코를 막거나 얼른 옷을 갈아입히거나, 야단을 치면 아이는 혐오감이 생겨서 변을 누려고 하지 않습니다.

아이가 실수했을 때에도 꾸짖지 말고 부추켜 주며, 믿음을 갖고 인

내심으로 기다려야 합니다. 아이는 피곤하거나 아프거나 흥분하면 실수로 소변을 누는 경우가 있습니다. 밤 10시 경에 한 번 소변을 누게 하고 다시 재우면 좋습니다.

아이가 대변을 보는 데 성공하면 엉덩이를 깨끗이 닦아 주고 잘 했다고 칭찬을 해주세요. 엄마가 기뻐하는 것을 보고, 배변 후 뱃속도 편안해지면 아이는 상쾌해집니다. 이런 기분 좋은 배변은 아이 기억에 계속 남아 이후에 대소변을 가리는 데 도움이 됩니다.

대소변 쉽게 가리는 방법

- 아이용 변기를 항상 따뜻하게 해준다.
- 대소변 보는 모습을 보여 준다.
- 대소변에 대한 혐오감을 갖지 않게 해준다.
- 실수했을 때 야단치지 않는다.
- 성공하면 충분히 칭찬해 준다.

어떻게 해야 충치가 생기지 않을까요

엄마는 아이의 발달 단계나 특징이 육아서에 나온 것과 조금이라도 다르면 매우 불안해합니다. 그러나 모든 아이에게는 자신만의 성장 리듬이 있습니다.

이가 나는 것도 마찬가지입니다. 이가 나는 시기와 순서는 정해져 있는 것이 아닙니다. 물론 평균적으로는 생후 6개월 정도가 되면 첫니가 납니다. 하지만 한 살이 다 되어서야 이가 나는 아이도 있습니다.

쌀알처럼 하얗게 솟아나는 예쁜 유치는 위아래 각각 열 개씩 나옵니다. 여섯 살 정도가 되면 유치가 빠지면서 영구치가 나오기 시작하지요. 유치는 영구치보다 약해서 충치가 쉽게 생깁니다.

아이가 먹는 젖이나 우유에는 당이 많이 함유되어서 충치의 원인이 됩니다. 특히 밤에 잘 때 젖이나 우유병을 물리고 자면 우유가 입 안에 오랫동안 남게 되어 충치가 생기기 쉽습니다. 낮이라도 우유나 주스를 습관적으로 물고 있는 경우에는 충치가 잘 생깁니다. 그러므로 젖니가 나오는 순간부터 치아 위생에 관심을 기울여야 합니다.

아직 이가 다 나오지 않았다면 칫솔질을 무리하게 시키지 않습니다. 음식을 먹은 후에 물로 입속을 헹구고 거즈로 닦아 줍니다. 아이가 먹는 약에도 충치를 유발시키는 당이 들어있으므로 약을 먹인 후에도 입속을 헹구어 내고 거즈로 닦아 주는 것이 좋습니다. 최소한 하루에 한 번 잠자기 전에는 꼭 이렇게 관리해 주어야 합니다. 잠잘 때는 낮보다 침이 적게 나와서 치아 세척이 덜 되어 충치가 쉽게 생기기 때문입니다. 이가 나온 다음에는 식사 후의 칫솔질을 습관화할 수 있도록 지도해 주세요.

충치 예방법

· 지나치게 단 음식과 음료를 주지 않는다.
· 노리개 젖꼭지에 꿀이나 단것을 발라 주지 않는다.
· 음료수를 젖병에 담아 주지 않는다.
· 우유나 멸치, 다시마, 미역, 콩, 우엉, 시금치 등을 많이 먹인다.

자면서 이를 갈아요

일반적으로 이를 가는 것은 정신적 스트레스를 받거나 치열에 이상이 있기 때문이라고 말합니다. 부모와 형제, 친구들에 대한 불만의 감정이 나타나는 것이지요. 하지만 단순히 정신적 스트레스 때문에 이를 가는 것은 아닙니다.

이가 나는 시기에는 잇몸이 가려운 것 자체가 스트레스로 작용하기도 하고, 이가 아직 몇 개밖에 나지 않은 아이들이 이가 쉽게 부딪쳐서 갈기도 합니다. 윗니와 아랫니의 맞물림이 잘 맞지 않아 이를 갈 수도 있습니다.

만약 지나치게 이를 간다면 치과에 가 보는 것이 좋습니다. 유치가 늦게 빠져 영구치가 늦게 날 수도 있으니까요.

엄마는 아이의 긴장을 해소시켜 주고, 평소에 자주 대화를 하며 좋아하는 책을 읽어 주세요. 엄마가 아이를 사랑하고 있다는 표현을 해 주는 것이 좋습니다.

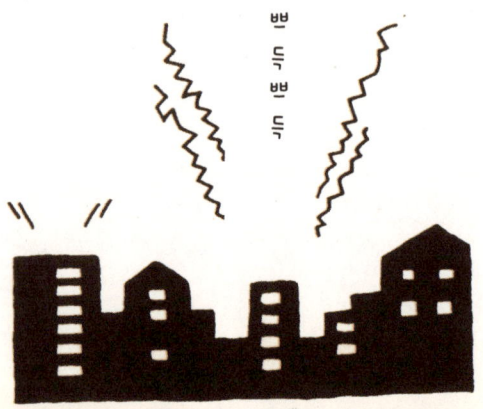

모르는 사람을 보면 울어요

낯가림은 아이의 인지 능력이 발달하면서 자연스러운 현상이며 아이가 제대로 자라고 있다는 것을 뜻합니다. 아이는 자신이 익숙해있던 얼굴이나 환경이 아니면 일단 겁을 먹고 어색해 합니다. 적응하기까지 시간이 걸리지요.

아이를 독립적으로 키우겠다고 그냥 내버려두는 엄마도 있는데, 아이의 정서에 장애가 올 수 있습니다. 엄마의 무관심으로 받아들이기 쉽지요. 아이에게는 독립심도 필요하지만 의지할 누군가가 있다는 믿음도 필요합니다.

낯가림을 줄이기 위해서는 여유를 갖고 아이가 차차 익숙해지게 기다려야 합니다. 아이의 호기심을 불러일으키며 두려움을 덜해 주도록 해주세요. 같은 또래 아이가 있다면 장난감을 같이 주고, 과자를 나눠 먹게 하면서 친해질 수 있는 자리를 마련해 주세요.

아이가 계속 심하게 낯을 가린다면 부모가 아이에게 충분히 믿음을 주었는지 생각해 보아야 합니다. 아이는 부모에게 믿음이 생기면 세상도 신뢰를 갖고 바라보게 되지요.

평소에 아이에게 애정 표현을 충분히 하면서 믿음을 심어 주세요. 아이와 지내는 시간을 얼마나 편안한 마음으로 즐겁게 지내는가가 중요합니다.

머리가 눌려 있어요

　엄마 뱃속에서 아이는 물구나무 자세로 있습니다. 결코 편한 자세가 아니지요. 더구나 좁은 공간에서 아이의 몸은 점점 커집니다. 아이는 오른쪽이든 왼쪽이든 어느 한쪽으로 목을 구부리게 됩니다. 이렇게 되면 자궁벽에 아이 머리 한쪽이 눌리거나 몰려 있게 되지요.

　아이가 세상 밖으로 나오고 목을 가눌 수 있게 되면서부터 뇌가 두개골을 밀어내고 머리는 제대로 된 모양을 갖추게 됩니다. 이때 한쪽으로 심하게 눌려 있던 아이의 머리 모양을 예쁘게 해주려고 한쪽으로만 눕혀 두면, 오히려 눕혀 놓은 모양 그대로 굳어져 버립니다.

머리 모양을 둥그랗고 예쁘게 하는 방법

· 반대쪽으로 누이고 큰 수건을 말아서 등에 받쳐 준다.
· 관심을 보이는 장난감을 반대 방향에 놓아서 머리를 자주 움직이게 한다.
· 수건을 둘둘 말고 끝과 끝을 이어서, 가운데가 빈 원형 베개를 만들어 편평해진 머리 부위에 대고 재운다. 머리가 바닥에 직접 닿지 않아 머리 모양이 교정된다.
· 시판되고 있는 가운데가 옴폭 파진 베개를 사용해 본다.

두혈종은 저절로 낫나요

　두혈종(頭血腫)은 출산할 때 아이의 머리가 압력을 받아서 머리뼈와 이것을 싸고 있는 골막 사이의 내출혈로 인해 생긴 것입니다. 머릿속에 혈액이 고이거나 노란 액체가 고여서 국소적으로 부을 수 있습니다. 나이가 많은 초산부가 분만한 아이에게서 많이 나타나고, 여아보다는 남아에게서 많이 나타납니다.

　흡수되는 시기는 개인차가 있어서 거의 눈에 띄지 않고 빨리 낫는 아이도 있지만, 뼈처럼 단단하게 상당 기간 동안 남아 있는 아이도 있습니다. 두혈종으로 인해 변형된 머리 형태는 몇 개월이 지나면 정상적으로 돌아오지만 한 살이 지나야 없어지는 경우도 있습니다.

머리카락을 모두 깎아 주면 숱이 많아질까요

태아는 임신 8개월이 되면 머리털이 1~2cm 정도 자라기 때문에 태어났을 때 이미 배냇머리가 자라 있습니다. 배냇머리는 생후 1~2년까지 일부가 빠지고 새로운 머리가 나게 됩니다.

대개 아이가 백일 정도 되면 엄마들이 머리를 깎아 줍니다. 하지만 아이 머리카락을 모두 깎고 나면 가늘고 부드러운 머리카락이 힘 있고 뺏뻣하게 되어서 숱이 많아진 것처럼 보이는 것뿐입니다. 숱이 적은 아이도 3~5세 정도가 되면 자연스럽게 머리카락의 질이 바뀌어 숱이 많아진 것처럼 보입니다. 그러므로 머리를 일부러 깎아 줄 필요는 없습니다.

머리를 깎으면 머리의 부스럼, 태열, 종기, 염증 등을 방지할 수 있기는 하지만, 두피가 상처를 입거나 세균에 감염될 우려가 있으므로 무리해서 깎을 필요는 없습니다.

머리를 부딪쳤을 때 혹이 나면 괜찮은가요

아이는 신체에 비해 머리가 크기 때문에 앉거나 일어설 때 머리를 자주 부딪치지요.

머리를 심하게 부딪쳐 머리뼈가 들어가면 매우 위험합니다. 머리뼈가 손상을 입은 함몰 골절일 가능성이 있기 때문입니다. 함몰 골절이 되면 뇌에 손상을 입게 되므로 빨리 치료해야 합니다.

반대로 부딪친 부위가 부풀어 올랐다고 안심할 것은 아닙니다. 머리를 부딪치면 혹이 생긴 여부에 상관없이 머리뼈가 골절되거나 머리뼈 안이 상처를 입고 출혈이 생길 가능성이 있습니다.

겉으로 피가 나는 것이 덜 위험한 이유는, 엄마가 아이의 출혈을 보면 놀라서 빨리 응급 조치를 취하고 병원으로 가지만, 출혈이 없을 경우에는 상처를 대수롭지 않게 생각해서 내출혈이 생기는 경우가 종종 있기 때문입니다.

혹이 났든 안 났든, 출혈이 있든 없든 아이가 머리를 부딪쳤다면 주의 깊게 살펴 보아야 합니다. 토하거나 행동이 평소와 조금이라도 달라진 것 같다면 반드시 병원에 데려 가세요.

머리가 큰 아이를 키울 때 유의 사항

· 목욕탕이나 세탁기에 빠질 수 있으니, 사용하지 않을 때에는 물을 채우지 않는다.
· 창 밖이나 베란다에 아이가 올라갈 수 있는 상자를 놓지 않는다. 아이는 밖을 보고 싶어 하기 때문에 상자가 있으면 그 위에 올라간다. 그리고 몸에 비해 머리가 크기 때문에 가슴 위쪽이 밖으로 나오면 굴러 떨어지게 된다.

머리가 크면 IQ도 높은가요

IQ는 뇌의 주름수와 뇌 연결망의 치밀한 정도에 의해 달라집니다. 머리 크기와 비례하는 것이 아니지요.

머리가 지나치게 크다면 문제가 있는 것입니다. 가장 많은 경우는 '수두증' 이라는 병으로 뇌 속에 물이 차는 것입니다. 수두증인 아이는 머리 윗부분이 얼굴에 비해 커집니다.

머리는 크지만 얼굴 형태가 바르다면 괜찮습니다. 그리고 부모 머리가 다른 사람보다 큰 편이라면 아이 머리가 큰 것은 당연하겠지요.

우리 아이 다리가 O자 형이에요

본래 아이의 다리는 O자 형입니다. 걸음마를 시작해도 아이의 다리는 O자 형이므로 걸음마를 빨리 시작할수록 그런 현상이 눈에 더 잘 띄지요. 아이의 다리가 O자 형인 것은 태아 때 구부린 자세로 있었기 때문입니다.

너무 많이 업어 주면 다리가 휜다고 아이를 업어 주지 않는 엄마도 있는데, 초등 학교에 들어갈 시기가 되면 대부분 다리는 곧게 됩니다.

문제는 굳어진 O자, X자 형 다리입니다. 3, 4세 정도에 발뒤꿈치를 붙이고 서서 무릎과 무릎 사이에 손가락이 서너 개 정도 들어가면 O형 다리이고, 무릎을 붙이고 서 있을 때 두 발의 발뒤꿈치 사이에 손가락이 서너 개 정도 들어가면 X자 형 다리입니다. 이런 경우에는 반드시 의사와 상담해야 합니다.

엄마는 아이의 발에 맞는 신발을 신겨 주고 운동을 충분히 시켜 주세요. 근육이 붙으면서 곧은 다리가 될 수 있습니다.

기지 않고 걷기 시작한 아이는 다리가 약할까요

대부분 7, 8개월이 되면 아이는 엄마를 쫓아다닐 정도로 빠르게 잘 기어다닙니다. 그런데 간혹 기어다니지 않고 곧바로 서는 아이도 있습니다.

예전에는 기지 않는 아이는 병이 있다고 생각했습니다. 그러나 아이는 나름대로의 성장 리듬에 맞춰 자라기 때문에, 앉고, 기고, 서는 과정을 모든 아이가 반드시 거치는 것은 아닙니다.

아이가 기어다니는 단계를 거치지 않고 곧바로 일어선다면 부모 중에 그러한 발달을 보인 사람이 있었을 것입니다. 기지 않더라도 제대로 앉을 수 있고, 다른 움직임이 정상이라면 걱정하지 마세요.

기어다닐 수 있는 아이를 업어 주기만 한다든지, 엄마의 편의 때문에 보행기에 너무 오래 앉혀 둔다면 정상적인 근육 발달에 문제가 생길 수 있습니다. 집이 너무 좁아서 아이가 기어다닐 수 있는 공간이 부족하다면 공원이나 놀이터의 잔디밭 등 위험한 것이 없는 곳에서 많이 기어다니게 해주세요.

보행기를 태우면 빨리 걸을 수 있을까요

보행기를 꼭 태워야 하는 것은 아닙니다. 보행기에 의지해서 걸으면 아이가 스스로 걸을 때와 근육 운동이 달라서 걷는 데에 큰 도움이 되지 못합니다.

보행기는 엄마가 아기를 돌보기 편하고, 잘 앉거나 서지 못하는 아이의 기분을 만족시켜 주는 도구일 뿐입니다. 보행기를 사용하지 않아도 아이는 스스로 앉고 일어설 수 있습니다.

보행기는 아이가 혼자서 허리를 가눌 수 있을 때 태워야 합니다. 너무 일찍 태우면 몸이 한쪽으로 기울어지게 되어 발달에 지장이 생길 수 있습니다.

보행기의 높이는 아이 키에 맞추어야 합니다. 너무 높으면 아이 발이 바닥에 닿지 않아서 까치발을 하게 되므로 나중에 바르게 걷지 못할 수 있습니다. 다만 까치발은 아이들이 혼자 서기 시작할 때 나타나는 일시적인 현상이므로 크게 걱정할 필요가 없습니다. 보행기를 너무 낮추면 다리 모양이 휠 염려가 있습니다.

포경 수술을 꼭 해야 하나요

남자 아이의 고추는 생리적인 포경 상태로, 귀두가 포피로 쌓여 있습니다. 아이는 포피와 귀두가 붙어 있는 경우가 많지만, 성장하면서 자연적으로 벗겨져 나와 사춘기가 되면 귀두가 밖으로 드러납니다.

포경 상태에서는 귀두와 그 주변의 피부 사이에 먼지나 이물질이 끼일 수 있지만, 고추를 무리하게 피부를 벗겨내서 씻을 필요는 없습니다. 따뜻한 물이 흐르는 샤워기로 씻어 주는 정도면 괜찮습니다.

4, 5세 정도 자라면 아빠가 씻는 방법을 가르쳐 주는 것이 좋겠지요.

피부 끝과 귀두 부분이 지나치게 벌어져 있어 오줌이나 미세한 먼지 때문에 염증을 자주 일으킨다면 먼저 의사와 상담을 하세요.

아이가 사시일까요

아이는 콧등이나 콧대가 완전히 발달하지 않은 상태이기 때문에 눈의 안쪽 피부가 눈의 흰자위를 가리고 있는 경우가 많습니다. 따라서 마치 눈이 안쪽으로 몰려 있는 것처럼 보이지요. 간혹 아이가 사시인 것 같다며 걱정하는 엄마들이 있는데, 사시는 집에서도 쉽게 알아 볼 수 있습니다.

스트로보가 달려 있는 카메라로 사진을 찍어 보았을 때 아이의 양쪽 눈동자에 빛이 똑같이 들어가 있으면 사시가 아닙니다. 팬 라이트를 아이 눈에 비춰 보아도 알 수 있습니다. 팬 라이트 빛이 양쪽 동공 중심에 있으면 사시가 아닙니다.

그래도 안심이 되지 않는다면 안과에 가서 검진을 받아 보세요.

손가락을 빨면 뻐드렁니가 되나요

아이는 손에 잡히는 것은 무엇이든 입 안으로 집어 넣습니다. 그러므로 아이가 손가락을 빠는 것은 자연스러운 일이고, 서너 살이 되면 저절로 없어집니다.

하지만 아이가 손가락을 계속 빨면 입 안의 천장 부분이 변형되어 잇몸 전체가 앞으로 튀어나와 뻐드렁니가 될 수 있습니다. 엄지 손가락을 빠는 경우에는 물고 있는 손가락으로 턱을 밀기 때문에 조심해야 합니다. 위턱은 바깥쪽으로 밀게 되고 아래턱은 안쪽으로 밀게 되므로, 윗니와 아랫니의 맞물림이 나빠집니다.

아이가 손가락을 빠는 데에는 여러 가지 이유가 있습니다. 부모나 형제들에 대한 불만으로 손가락을 빠는 경우도 있습니다. 이런 아이에게 손가락을 빤다고 야단을 치면 아이에게는 더 스트레스가 됩니다. 심리적인 욕구 불만이라고 생각되면 그것을 해소해 주어야 아이의 손가락 빠는 버릇을 없앨 수 있습니다.

손가락을 빠는 것 자체가 욕구인 아이도 있습니다. 이런 아이에게 손가락 빠는 버릇을 강제로 못하게 하면, 이것이 새로운 욕구 불만으로 될 수도 있습니다.

대부분 잠자기 전이나 혼자 있을 때 심리적인 안정을 느끼기 위해 손가락을 빠는 경우가 많습니다. 노리개 젖꼭지나 아이가 좋아하는 색깔의 베개, 인형, 장난감 등을 가지고 놀게 해서 심리적 안정을 느끼게 해주세요.

아이가 손가락을 빨지 못하게 하려고 손에 쓴 약이나 반창고를 붙여 주기도 하는데, 그러면 아이는 놀라기도 하고 또 다른 욕구 불만이 생길 수도 있습니다.

손가락을 빨 땐 이렇게

- 손가락을 빨 때, 같이 이야기하거나 놀아 주어서 심심하지 않게 하고, 관심을 다른 데로 유도한다.
- 양손으로 가지고 놀 수 있는 장난감을 주어서 손가락을 입에 넣을 여유를 주지 않는다. 그러다 보면 지언스럽게 손가락 빠는 일을 잊어버린다.

손가락을 움직이면 머리가 좋아지나요

아이는 주먹을 쥐고 태어나며, 대부분 4주 정도까지는 주먹을 쥐고 있다가 점차 손을 펴기 시작합니다. 만일 3개월이 지나도 주먹을 펴지 못한다면 뇌성 마비의 가능성이 있으므로 검사를 받아야 합니다.

아이는 손에 물건을 쥐어 주면 반사적으로 손가락을 오므려서 잡으려 하는데, 이러한 파악 반사는 성장하면서 점차적으로 없어집니다. 만일 6개월이 지나서까지도 이러한 파악 반사가 남아 있어서 물건을 반사적으로 잡으려 하면 중추 신경계의 발달에 이상이 있다는 것을 의미합니다.

아이는 성장하면서 의지적으로 잡으려는 기능이 점차 발달합니다. 우선 자기 앞에 있는 물건을 마치 잡으려는 듯 바라보다가 뻗기도 하며 두 손을 잡고 놀 수도 있습니다. 입고 있는 옷을 얼굴 앞으로 잡아당겨서 놀기도 하지요. 대부분 처음에는 손 전체를 사용하여 잡다가 점차적으로 손가락을 사용하여 잡게 됩니다.

아이가 한 살 정도 되면 엄지 손가락과 집게 손가락을 사용해서 작은 물체를 잡을 수 있게 됩니다. 한 살 정도 지난 아이는 젖병을 두 손으로 잡을 수 있게 되고, 손에서 손으로 물건을 옮길 수도 있습니다. 목욕할 때 손으로 물을 튀기거나 누워서 발가락이나 종이를 가지고 놉니다. 아이는 잡았던 물체를 쉽게 놓을 수 있으며 엄마에게 주거나 바닥에 던지면서 놀고, 박스에 물건을 넣거나 뺄 수 있게 됩니다.

의지적인 행동이 더욱 발달하게 되어, 이젠 반사적으로 손에 쥔 물체를 입으로 가져가던 것이 거의 없어지게 됩니다. 컵으로 먹는 것도 점차 익숙해지게 되며, 많이 흘리지 않고 잘 먹을 수 있게 됩니다. 두 세 개의 블록을 쌓을 수 있게 되고, 신발을 신을 수 있으며 옷을 입고 벗을 수 있습니다.

아이는 이렇게 손을 움직이면서 뇌를 발달시킵니다. 이것저것 손으로 만져 보면서 손의 감각을 익히게 되고, 뇌신경을 자극해서 스스로를 발달시킵니다.

억지로 앉게 하면 나쁜가요

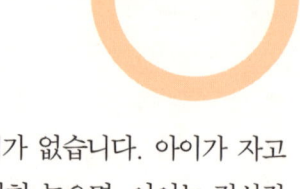

아이가 앉고 싶어서 앉는다면 전혀 문제가 없습니다. 아이가 자고 싶어 하거나 놀고 싶어 하는데 무리하게 앉혀 놓으면, 아이는 정신적인 스트레스를 받습니다.

아이가 앉을 수 있으려면 뼈와 근육, 뇌의 발달이 서로 조화를 이루어야 합니다. 아직 아이가 앉는 것에 익숙하지 않은데 무리하게 앉히는 것은 근육 발달에 좋지 않습니다. 미처 발달하지 못한 뼈나 근육에 무리를 주기 때문이지요. 아이는 앉을 수 있을 만큼 발달하면 누가 억지로 시키지 않아도 스스로 앉습니다.

아이가 앉아서 즐겁게 잘 논다면 얼마 동안 앉아 있는가는 문제가 되지 않습니다. 그저 아이가 원하는 대로 놔두세요.

노리개 젖꼭지를 자주 물려 주어도 괜찮을까요

아이가 울거나 떼를 쓸 때 노리개 젖꼭지를 물려 주는 엄마들이 있습니다. 집안일이 많아서 아이를 눕혀 두고 있어야 할 때도 아이 혼자 놀게 하려고 노리개 젖꼭지를 물려 주곤 하지요.

노리개 젖꼭지는 손가락 빠는 것을 예방하기 위한 도구로서, 6개월까지만 쓰고 끊어야 합니다. 그 이상 노리개 젖꼭지를 계속 물고 있으면 아이는 의존심이 생기고 고집센 아이가 되기 쉽습니다. 만약 6개월이 지나서도 노리개 젖꼭시를 계속 빨려고 하면 잠깐씩만 빨게 합니다. 무리하게 한번에 끊으려고 하지 말고 서서히 끊게 합니다.

노리개 젖꼭지는 아이 입에 들어가는 것이므로 반드시 청결하게 해야 합니다. 그러므로 노리개 젖꼭지를 깨끗하게 사용하며 자주 소독해 주어야 합니다.

아이 키가 작은데 영양 부족일까요

신체 발달은 식사나 영양과 관계가 깊지만, 현재 우리의 식생활을 볼 때 영양이 부족해서 자라지 못하는 경우는 거의 없습니다. 키와 몸무게는 아이가 갖고 있는 체질과 식습관에 따라 다릅니다. 많이 먹어도 다른 사람에 비해 살이 별로 찌지 않는 체질이 있지요. 음식은 잘 먹는 편인데 영양이 불균형해지는 아이가 있는가 하면, 다른 아이보다 적게 먹지만 활동적이고 발육에 문제가 전혀 없는 아이도 있습니다.

아이의 신체 발달은 먹는 것 자체도 중요하지만, 주변 환경도 매우 중요합니다.

식사 시간을 즐겁게 하는 법

먹는 동안에는 재촉하지 않기

식사를 하는 동안 즐거운 이야기를 해주고, 노래를 불러 주며, 얼굴을 마주 보거나 다독거려 준다. 식사는 엄마나 아이에게 재미있는 시간이어야 한다.

혼자 먹게 하기

아이가 스스로 먹으려는 것을 방해해서는 안 된다. 치우기 쉬운 조그만 담요나 종이, 걸레, 신문지 등을 미리 식탁 밑에 깔아 놓으면 집

안이 더러워지는 것을 방지할 수 있다.

우유는 가능하면 컵으로
조금 흘리더라도 우유를 손잡이가 있는 컵에 담아 주면 얼마 후에는
흘리지 않고 잘 먹을 수 있다.

음식은 예쁜 그릇에
식성이 까다롭거나 많이 먹지 않는다면, 아이가 좋아하는 그릇에 담
아 준다. 질적으로 균형 있는 영양을 섭취하도록 하는 것이 중요하다.

쭉쭉이를 해주면 키가 더 크나요

×

아이의 키를 비교해 보면 밤보다 아침에 재었을 때 1~2cm 정도 더 큽니다. 사람은 직립 동물이기 때문에 앉거나 서서 활동하는 낮에는 등뼈의 연골이 중력의 영향을 받아서 키가 약간 줄어듭니다. 반면에 잠을 자는 밤에는 중력의 영향을 받지 않으므로 아침이 되면 키가 약간 커지지요.

이와 같은 원리로, 아이의 몸을 쭉 펴 주면 일시적으로는 키가 조금 커진 것처럼 보일 것입니다. 쭉쭉이를 많이 해준다고 아이의 키가 크는 것은 아닙니다.

그렇지만 쭉쭉이를 하는 동안 아이와 눈을 맞추며 다리를 마사지하게 되므로 아이의 촉각을 발달시키는 데 좋습니다.

아이도 맛을 느끼나요

아이는 태어나자마자 맛을 느낍니다. 특히 우유의 맛은 어른보다도 더 예민하게 느끼지요. 그래서 아이가 좋아하는 우유가 있고 싫어하는 우유가 있는 것입니다. 어떤 아이는 우유와 모유 맛의 차이를 알고 모유만 먹으려고 하기도 합니다.

그러므로 아이의 발달에 따라 식품의 종류를 늘려 가고, 다양한 맛과 질감을 맛보게 해주어야 합니다. 이렇게 해야 자라서 여러 가지 음식을 즐길 수 있게 됩니다.

또한 아이는 아직 소변으로 염분을 제대로 배출하지 못해서 몸속의 염분 농도가 짙어지므로, 이유식을 만들 때는 간을 강하게 하지 말아야 합니다. 처음부터 너무 강한 맛에 익숙해지면 간이 강한 음식만 원하게 됩니다. 강한 맛의 이유식을 먹인 아이는 어른이 되어서 고혈압이나 성인병에 걸리기 쉽습니다.

간을 전혀 안 하면 식품의 참맛을 느낄 수 없으므로, 어른이 맛을 보았을 때 약간 싱겁다고 느껴야 좋습니다.

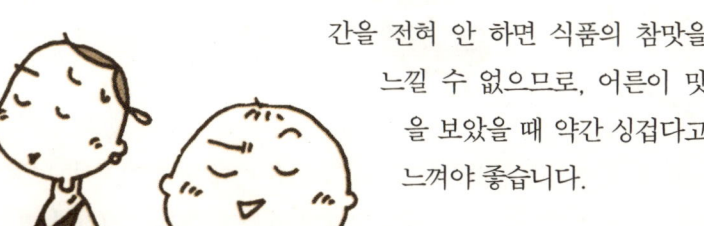

세 살까지의 능력이 평생을 좌우하나요

아이는 적절한 자극을 통해 세상을 경험하고, 그 경험을 통해 감각과 두뇌가 발달합니다.

하지만 세 살까지 모든 경험을 다 할 수 있게 해주어야 한다는 강박 관념으로, 조기 교육에 지나치게 열중하면 오히려 아이의 정서에 장애가 될 수 있습니다.

아이가 세 살 정도까지 경험하고 받아들여야 하는 것이 있고, 조금 더 성장한 후에 익혀도 되는 것도 있습니다. 예를 들어 모국어의 미묘한 어감은 이 시기에 익혀야 합니다. 그렇지만 다른 능력 모두가 세 살까지 결정되는 것은 아닙니다.

단, 시력과 청력은 세 살까지 자극을 주지 않으면 발달에 장애가 생길 수 있습니다.

원시라서 가까이 있는 물건이 또렷하게 보이지 않는다면 일찍부터 안경을 쓰게 해서 적절하게 뇌를 자극해 주어야 합니다. 청각에도 문제가 있다면 빨리 보청기를 끼워 소리 자극을 주어야 청력이 발달합니다.

아이 고추도 발기되나요

남자 아이를 기르는 엄마들은 남자 성기에 대해서 잘 몰라 당황하는 경우가 있습니다. 여자인 엄마 입장에서는, 남자의 성기는 정액과 소변이 나오는 같은 길인데 어떻게 두 물질이 섞이지 않는지 이상하게 여겨질 것입니다. 정액이 방출될 때는 방광 근육이 긴장해서 오줌이 나오지 못합니다. 이 때문에 한 길로 나오지만 두 물질이 섞이지 않는 것이지요.

남자의 성기는 해면체라는 스폰지 같은 혈관으로 이루어져 있습니다. 그 속에 많은 혈액이 한 번에 통과하면 딱딱해지고 커집니다. 이것을 발기라고 하는데, 아이도 성인과 같이 오줌이 가득 차거나 직접적으로 자극을 받으면 성기가 발기합니다. 그렇다고 어른처럼 성적으로 흥분한 것은 아닙니다.

건강에 관한 Q&A

제3장 응가를 매일매일 보아야 하나요

응가를 매일매일 보아야 하나요

아이들은 변을 보는 횟수보다 어떤 종류의 변을 보는지가 중요합니다. 대변은 물이나 오렌지 주스, 섬유질이 많은 과일나 채소을 먹으면 부드러워지고, 치즈나 사과, 바나나 같이 섬유질이 적은 음식을 먹으면 단단해집니다.

아이가 하루나 이틀 정도 변을 보지 않으면, 엄마는 아이가 변비라고 생각할 수 있습니다. 하지만 변비는 대변을 보는 횟수로 결정되는 것이 아닙니다. 3, 4일 정도 변을 보지 않아도 잘 놀고 식사도 평소처럼 한다면 걱정할 일이 아닙니다. 하지만 아이 배가 부풀어 오르고, 식욕이 떨어지며, 대변을 보기 힘들어 하면서 배가 아프다고 하면 변비일 수 있습니다.

변비 증세는 우유를 먹는 아이에게 흔합니다. 우유는 섬유질이 적은 음식이고, 우유를 많이 먹으면 다른 음식을 적게 먹게 됩니다. 따라서 변비를 예방하기 위해서는 우유를 줄이는 것이 최상의 치료법입니다.

요구르트를 두세 개 먹이면 처음에는 좀 좋아지는 듯하다가 조금 지나면 더 심해집니다. 요구르트를 먹은 만큼 다른 음식을 적게 먹어서 섬유질 섭취가 줄기 때문입니다.

아이가 대변을 볼 때 너무 힘들어 하고 항문이 찢어져서 피가 난다면 관장을 해주어야 합니다. 하지만 먼저 아이가 먹는 음식을 변비가 되지 않을 재료로 만들어 주고, 장 운동을 충분히 해주는 것이 더 중요합니다. 관장은 일시적인 해결책은 될 수 있지만, 자주 사용하면 좋지 않습니다.

변비 치료법

- 면봉으로 항문 주변을 자극해서 대변을 보게 유도하거나, 면봉에 베이비 오일을 발라서 솜이 있는 부분까지 항문에 넣었다가 뺀다.
- 체온계에 바셀린을 묻혀서 항문을 자극해 준다.
- 분유를 약간 진하게 먹인다. 간혹 분유를 평소보다 연하게 먹이는 엄마가 있는데, 묽게 먹이면 장의 흡수력이 좋아져 오히려 변을 더 딱딱하게 만든다.
- 물이나 주스로 수분을 충분히 섭취하게 한다. 어른이 마시는 농도의 과일 주스는 아이에게 너무 신하기 때문에 잘 희석해서 준다.
- 과일이나 야채 이유식을 준다. 과일을 줄 때는 으깨서 섬유질 파괴가 안 된 상태로 준다.
- 야채나 과일 등을 껍질째 먹여 섬유질을 많이 섭취하게 한다.
- 튀긴 음식, 육류, 베이컨, 치즈 등 지방이 많은 식품은 제한한다.
- 배를 맞사지 해주거나 체조를 시킨다. 평소에 야외에 나가서 충분한 운동을 하도록 한다.

응가가 녹색이에요

아이가 녹색 변을 보면 어른들은 병이 났다고 걱정합니다. 아이 대변이 녹색인 것은 간에서 분비하는 소화액 중의 하나인 담즙 때문입니다. 담즙의 양이 많아지면 변은 녹색을 띠지요.

대변 색깔은 먹는 것에 따라서도 달라집니다. 시금치를 많이 먹으면 녹색, 우유를 많이 먹으면 흰색, 토마토나 수박을 많이 먹으면 붉은색으로 변하기도 합니다. 아이의 대변 색깔이 평소와 다르다면 그 날 아이가 먹은 음식을 잘 생각해 보세요.

하지만 이유 없이 며칠째 평소와 다른 색의 대변을 본다면 병원에 가야 합니다. 감염증으로 인한 대변일 수도 있기 때문입니다. 담즙이 나오지 않거나 감기 바이러스가 배로 들어가면 흰색 변을 보거나 변에 피가 섞여 나와서 붉게 보입니다. 박테리아에 의한 대장염이나 종양 때문에 생길 수 있는 붉은 변이라면 장 출혈로 인한 응급 질환일 수 있으므로 빨리 병원에 가야 합니다.

소변색이 진하면 수분 부족인가요 ✕

소변색이 변하는 이유는 여러 가지입니다. 땀을 많이 흘렸을 때, 수분이 부족할 때, 비타민을 먹을 때는 소변색이 진해집니다. 먹은 음식의 종류에 따라서 변할 수도 있고, 신장이 건강하지 못해서 소변에 혈액이 섞이면서 콜라색처럼 보이기도 합니다.

그러므로 소변색이 진한 것을 단지 수분 부족이라고 하기는 어렵습니다. 단, 특별한 이유 없이 며칠 동안 소변색이 너무 진하면 반드시 병원에 가서 진찰을 받아야 합니다.

아이가 치질인가 봐요

　일반적으로 어른들에게 생기는 치질은 치핵이라는 정맥류가 항문 바로 안쪽에 생기거나 치질이 찢어져서 생기는 것을 말합니다.

　아이들은 단단한 대변을 보다가 항문이 찢어져서 생기는 경우가 대부분입니다. 찢어진 치질이 아파서 아이는 점점 더 대변을 보지 않으려 하고 대변은 더 딱딱해집니다. 이런 악순환으로 인해 아이는 더욱 힘들고 아파하지요.

　항문 주위에 염증이 생기는 농창 때문에 생기는 치루도 있습니다. 대장균이나 장내 세균에 의해 항문 주위나 직장 안쪽 벽이 감염되어 생긴 화농 때문에 직장과 바깥쪽 터널이 붙어서 몹시 아파하고 웁니다. 이런 증상은 대부분 기저귀를 떼는 시기가 되면 저절로 낫습니다.

체했을 때 손을 따주어야 하나요

엄마들은 아이가 열이 나거나 손발이 차갑고 잘 안 먹으며 토하면 체했다고 하면서 바늘로 손을 따줍니다. 손을 따면 일시적으로 증상이 가벼워질 수는 있습니다. 단, 체했을 때와 증상은 비슷하지만 장염이나 소화 불량, 감기일 수도 있으니 주의해야 합니다.

아이들은 체온 조절을 잘 못합니다. 따라서 손발에 혈액 순환이 잘 안 되는 경우가 많으므로 체했을 때뿐만 아니라 평소에도 손발이 차가운 경우가 많지요. 손발을 땄을 때 검은 피가 나오는 것은, 체했기 때문이 아니라 정맥이 터져서 그런 것입니다.

아이가 체한 것처럼 보인다고 해서 무조건 소화제를 먹이는 것도 좋지 않습니다. 아이마다 몸 상태가 다르고, 같은 증상이지만 다른 병일 수도 있으니까요. 아이가 체한 것처럼 보일 때에는 반드시 의사와 상담하세요.

아이도 비만이 될 수 있나요

아이가 태어나면 엄마는 젖을 많이 먹이려고 합니다. 아이가 육아서나 분유통에 써 있는 양만큼 먹지 않으면 걱정을 하지요. 어떤 엄마는 아이가 울 때마다 젖을 물리기도 하고, 잠을 재울 때에 젖을 먹이기도 합니다.

키는 표준인데 몸무게는 표준을 넘는 우량아라도 밥을 먹을 시기까지는 비만에 대해 지나치게 신경쓰지 않아도 됩니다.

만약 살이 너무 쪄서 한창 활동적이어야 할 아이가 움직임이 적고 그 때문에 호기심도 떨어진다면, 아이의 인지 발달에 문제가 생길 수도 있습니다.

아이를 굶기면서 체중을 줄이게 하면, 아이는 성장에 필요한 영양소를 공급받지 못해서 발달에 지장이 생길 수도 있습니다. 대신 뚱뚱한 아이에게는 규칙적인 체조와 운동을 시키는 것이 좋습니다.

아이의 비만치료법

· 사지와 몸 전체를 자유롭게 움직일 수 있게 한다.

· 무리한 체중 감량으로 아이의 성장에 해가 되지 않도록 규칙적으로 식사를 하게 한다.

· 이유식은 칼로리가 많은 곡류나 치즈류보다 과일이나 야채, 단백질이 풍부한 것으로 먹인다.

· 울거나 보챌 때마다 분유나 이유식을 주면 칼로리 증가로 비만이 될 수 있다.

· 과자나 주스, 아이스크림 같은 단맛이 강한 음식은 주지 않는다.

50

엄마가 뚱뚱하면 아이도 뚱뚱해지나요 ✕

살이 찌는 원인에는 타고난 체질과 환경 두 가지가 있습니다. 아이는 부모에게서 체질을 물려 받고 자라는 환경에 많은 영향을 받습니다. 부모는 유전적·선천적인 체질과 후천적인 환경 두 가지 요인을 모두 제공합니다. 그래서 부모가 뚱뚱하면 아이도 뚱뚱해지기 쉽습니다.

사람의 일생에서 가장 날씬해 보이는 시기는 초등 학교 시절입니다. 이 시기에 날씬하면 뚱뚱한 부모들은 아이가 비만이 되지 않을 거라고 생각하기 쉽습니다. 하지만 사실은 그렇지 않습니다. 비만이 될 체질을 갖고 있는 아이가 뚱뚱한 부모와 같은 종류의 식사를 한다면, 이 아이도 부모처럼 뚱뚱해지기 쉽습니다.

부모가 뚱뚱하다면 혹시 음식에 기름기가 많고, 식사량이 너무 많지는 않은지 식습관을 점검해 보세요. 아이의 비만은 가족 모두가 함께 노력해야 예방할 수 있습니다.

여자 아이가 남자 아이보다 튼튼한가요

통계상으로 보면 남아 사망률이 여아 사망률보다 높습니다. 평균 수명도 여자가 더 길지요. 결국 항상 여자가 남자보다 많다는 것입니다. 그래서 남자보다 여자가 더 강하다고 하는가 봅니다.

그러나 건강과 수명에 관한 모든 것을 성별에 따라 단정지을 수는 없습니다. 여아든 남아든 쉽게 병에 걸리는 아이가 있고, 질병에 강한 아이가 있기 마련이니까요.

감기에 걸려도 우리 아이는 여자니까 괜찮다든가, 남자 아이라 약해서 더 신경을 쓰고 조심해야 한다고 생각한다면 잘못된 것입니다. 남아든 여아든 튼튼하게 자랄 수 있도록 돌보아 주어야 합니다.

알레르기성 체질도 유전되나요

체질은 유전되는 것이므로 엄마가 알레르기성 체질이라면 아이도 알레르기성 체질이 되기 쉽습니다. 하지만 아이가 반드시 부모와 똑같은 체질을 타고나는 것은 아닙니다.

엄마가 심한 아토피성 피부거나 천식이라면 이유식을 시작할 때 알레르기를 일으키기 쉬운 음식들을 피하세요. 예를 들어 달걀 같은 음식을 먹이는 시기에 유의하고, 6개월이 지난 뒤에도 모유를 먹이는 것이 바람직합니다. 청소를 할 때는 먼지를 많이 일으키지 않도록 신경 써야 합니다.

아이가 특정한 음식에 알레르기가 있으면 발진이나 소화 장애를 보입니다. 몸이 가렵다고 하고 피부가 발갛게 되거나 몸 어딘가에 두드러기가 나기도 합니다. 메스꺼움, 복부 경련이 있을 수도 있고 숨쉬기 힘들어 하거나 눈 주위가 부어 오르기도 합니다.

이때는 식사를 즉시 중단하고 의사와 상담해야 합니다. 약품이나 벌레 물린 것에 심한 반응을 보여도 즉시 병원에 가야 합니다.

우유 알레르기 치료법

우유를 먹였을 때 갑자기 발진이 생기거나 토하며 설사가 계속될 경우에는 우유 알레르기일 수 있다. 우유 알레르기는 우유에 들어있는 단백질이 알레르기 반응을 일으키는 것이다. 아토피성 습진이 없는 경우에는 두유로 대신해 본다. 습진이 이미 나타났을 경우에는 두유보다 알레르기용 분유를 먹인다.

알레르기용 분유는 맛이 좋지 않아서 아이가 잘 마시지 않으려 하는 경우가 있으므로 가능하면 모유를 먹이는 것이 좋지만, 알레르기용 분유만이라도 확실하게 먹이면 건강은 걱정하지 않아도 된다.

아이가 우유 알레르기라고 평생 그런 것은 아니다. 좀 자라서 장도 튼튼해지고 면역성도 발달하면 없어지기도 있다.

아토피성 피부염에 걸렸어요

　　습진 혹은 태열이라고도 불리는 아토피성 피부염은 우리 나라 아이들에게 가장 흔한 피부 질환입니다. 우유나 달걀, 땅콩, 밀가루, 생선 등이 아토피성 피부염과 관련이 있는 것입니다.

　　생후 2, 3개월경부터 많이 나타나는데, 피부가 건조해져서 까칠까칠해지고 붉은 반점이 나타나며 몹시 가렵습니다. 심할 때는 미세한 수포가 생기고, 긁으면 터지면서 부스럼 딱지를 형성하지요. 긁어서 피부에 상처가 생기면 상처 부위에 균이 들어가서 2차 감염이 생길 수 있으므로 주의해야 합니다.

　　아토피성 피부염은 온도와 습도에 민감하여 건조한 겨울철이나 습한 여름에 심하게 나타납니다. 특히 정서적으로 불안하고 스트레스를 받으면 악화됩니다.

　　아토피성 피부염은 유전이라고 할 수 있습니다. 부모가 태양 광선에 예민하고, 벌레에 물렸을 때 다른 사람보다 더 잘 붓는 체질이라면 대부분 아이의 피부도 약합니다.

아토피성 피부염 관리법

· 아토피성 피부염은 온도와 습도를 일정하게 하고 피부의 청결을 유지하는 것이 가장 중요하다. 그러나 목욕을 너무 자주 하면 증세가 악화되기도 한다.

· 피부가 너무 건조할 때는 20분 정도 욕조에 몸을 담근 후 로션이나 크림을 발라 준다. 피부가 지저분한데도 목욕을 시키지 않으면 악화될 수 있으므로, 하루에 한 번 정도 더러움을 없앤다는 정도로만 부드럽게 샤워를 시킨다.

· 아토피성 피부염은 근본적인 치료가 되지 않고 재발이 흔하므로 주변 환경에 신경을 쓰는 것이 더 중요하다. 대부분은 2세 전에 완전히 없어지는데, 성인이 되어서도 계속 나타나는 사람도 있다.

· 아토피성 피부염이 있는 아이는 가려워서 자주 긁게 되므로 손톱을 짧게 깎아 주고, 손을 자주 씻어 주어야 한다.

· 알레르기성 비염이나 천식 등의 질환과 동반되는 경우가 많으므로, 실내에 먼지, 꽃가루, 곰팡이, 동물의 털, 비듬 등이 없도록 늘 청결하게 해준다.

엄마가 근시면 아이도 근시인가요

근시는 눈을 관리하는 법과 밀접한 관계가 있지만 유전적인 영향이 큽니다. 부모가 근시면 아이도 초등 학교에 들어가는 나이가 되면서부터 시력이 나빠지기 쉽습니다.

아이가 어두운 곳에서 책을 읽거나 텔레비전을 너무 가까이서 보는 것은 좋지 않습니다. 아이가 책이나 텔레비전을 볼 때 눈을 찌푸리거나 잘 보이지 않는 것 같으면 병원에 가야 합니다. 아이의 잘못된 습관 때문이라고만 생각해서 시력이 나빠지는 것을 모르고 방치할 수도 있으므로 주의해야 합니다.

아이 때 특히 관심을 갖고 살펴 보아야 하는 것은 원시입니다. 간혹 태어날 때부터 원시인 아이가 있는데, 이런 아이를 그대로 방치하면 망막에 초점이 모아지지 않아 시력이 발달하지 못하고 약시가 될 수 있습니다.

시력은 빨리 발견하는 것이 무엇보다 중요하므로 평소에 아이를 주의 깊게 관찰하세요.

배꼽을 물로 씻어 주어야 하나요

아이는 엄마 뱃속에 있을 때 탯줄을 통해 영양을 공급 받고, 태어날 때에도 배꼽에 탯줄을 달고 나옵니다. 그러나 세상에 나오면 더 이상 탯줄은 필요가 없습니다.

배꼽은 자른 후에 바로 닫히는 것이 아닙니다. 10일 정도 지나야 탯줄이 마르고 딱딱해지면서 저절로 떨어집니다.

배꼽이 떨어지지 않았는데 억지로 떼어내면 염증이 생길 수도 있습니다. 조금 지저분해 보이더라도 그냥 놔 두세요.

목욕을 시킨 후에는 배꼽의 물기를 완전히 제거한 뒤 소독해 줍니다. 아이의 배꼽은 청결하게 하는 것이 가장 좋습니다.

배꼽을 소독할 때는 알코올을 사용합니다. 만약 배꼽에서 피나 진물이 계속 난다면 병원에 가서 치료를 해야 합니다. 진물은 단백질과 영양이 풍부해서 세균이 쉽게 자라며 염증도 생길 수 있습니다.

아이가 움직일 때 뚝뚝 소리가 나요

관절 속에는 연골이 있습니다. 이 연골과 연골이 서로 부딪치면 소리가 납니다. 무릎이나 팔꿈치를 움직일 때 이런 소리가 나더라도 아이가 아파하지 않고 불편해 하지 않으면 병원에 갈 필요가 없습니다.

하지만 기저귀를 갈아줄 때마다 관절에서 소리가 난다면 고관절 탈골일 수 있으므로, 이때는 반드시 병원에 가야 합니다.

고관절 탈골이란

고관절 탈골은 골반과 대퇴골을 잇는 고관절의 위아래가 서로 어긋나는 것을 말한다. 고관절 탈골은 대부분 선천적인 경우가 많으므로 생후 6개월 이전에 발견해서 치료해야 한다. 선천적인 탈골은 자궁 내의 압박 때문에 대부분 자연적으로 치유된다.

증상

· 가랑이가 잘 벌어지지 않는다.

· 왼쪽과 오른쪽 다리 길이가 다르다.

· 대퇴부의 주름 모양이 다르다.

· 허리나 엉덩이 모양이 이상하다.

· 병적인 원인일 경우 고열과 부기를 보인다.

57

손발이 차가워요

땀은 몸속의 열을 내리고 노폐물을 제거하는 생리적 기능입니다. 땀이 식으면서 몸의 열을 빼앗아 가므로 몸이 지나치게 뜨거워지는 것을 막아 줍니다. 체온이 오르면 팔과 다리의 말초 혈관들이 수축합니다. 그렇기 때문에 몸은 열이 나고 땀이 나는데, 손발은 차가워지는 것입니다.

아이는 땀샘이 잘 발달되지 못한 상태이므로 땀을 통해 노폐물을 제거하는 능력이 떨어집니다. 따라서 땀을 많이 흘리는 것은 외부의 환경에 몸이 생리적인 조절을 하는 것이고, 땀을 많이 흘릴 수 있다는 것은 아이의 생리적 조절 능력이 좋다는 것을 의미합니다.

아이는 신진 대사가 활발하여 몸에 열이 많습니다. 그래서 아이는 체온을 밖으로 내보내려고 땀을 많이 흘립니다. 땀은 특히 손이나 발에서 많이 납니다. 뒤통수, 이마, 손발 부위의 혈관들은 피부의 얕은 부위에 분포하기 때문에 외부 온도에 민감하고, 땀샘이 잘 발달해 흥건히 괼 정도로 땀이 나기도 합니다.

아이는 건강하더라도 손과 발이 어른에 비해 차가운 편입니다. 물론 아파서 열이 나면 체온을 내리기 위한 신체 작용으로 손발이 차가워지기도 하지요.

추워서 손발이 차가워지는 것은 당연한 일입니다. 하지만 손발이 차갑다고 해서 지금 아이가 추위를 느끼고 있다고 할 수는 없습니다. 단, 아이는 몸이 작아서 추운 곳에 오래 있으면 어른보다 빨리 차가워져

동상이 될 수도 있으므로 조심해야 합니다.

아이가 땀이 많이 날 경우에는 열이 있는지 알아보고 방 안의 온도와 아이가 입고 있는 옷이 적당한지 살펴봅니다. 옷을 자주 갈아입히고 닦아 주며 물을 많이 먹이세요. 땀 이외의 다른 병적 증상이 있으면 곧바로 의사에게 가보아야 합니다.

눈곱이 많아요

눈곱은 결막에 상처가 났거나 병이 났을 때, 먼지나 알레르기로 인해 생깁니다. 아이는 볼이 통통해서 속눈썹이 눈을 찌르는 경우가 많기 때문에 눈곱이 많이 끼기도 하지요.

눈곱이 심하게 끼지 않고, 아랫눈썹을 뒤집어 보아 결막이 빨갛지 않다면 문제가 있는 것은 아닙니다. 눈이 갑자기 빨갛게 되었더라도 소독한 면봉으로 닦아 낸 후에 괜찮아졌다면 걱정하지 않아도 됩니다. 그러나 노란 눈곱이 많이 생기는 것은 세균에 감염 되었을 수 있으므로 의사의 처방을 받아야 합니다.

결막염이란

결막에 일어나는 모든 염증을 말한다. 결막이란 눈동자와 눈꺼풀을 결합하는 점막으로, 지각 신경이 많이 분포되어 있다. 외계와 직접적으로 접하기 때문에 자극을 받기 쉽고. 병을 일으키기 쉽다.

결막염의 원인

결막염의 원인은 열성 질환, 홍역, 유행성 감기, 바이러스나 세균 등 여러 가지가 있고, 원인 물질에 따라 종류도 다양하다.

아이들에게 흔하게 생기는 증세는 알레르기성 결막염으로 원인이 밝혀지지 않은 상태다.

결막염의 증상

눈이 가렵거나 아프고, 눈물이 나며 눈이 부시다. 눈곱이 많이 끼면서 눈이 붓는다.

결막염 치료법

되도록이면 손을 대지 않는다. 증세가 가벼울 때는 깨끗한 식염수로 씻어 준다. 하지만 의사의 진료로 원인을 찾아내는 것이 중요하다.

주의할점

시중에서 판매되는 안약을 함부로 사용하지 않는다. 정확한 원인을 모른 채 안약을 사용하면 염증이 더 심해질 수 있다.

텔레비전은 아이에게 어떤 영향을 줄까요

집안일이 많을 때 엄마는 아이에게 과자나 장난감을 쥐어 주고, 텔레비전 앞에 앉혀 둡니다. 이 방법은 아이 발달에 매우 안 좋은 영향을 줍니다. 텔레비전은 영상이 나오면서 혼자서 말하고 움직입니다. 아이는 그저 수동적으로 보기만 하면 되고, 생각을 할 여유도 필요도 없습니다.

따라서 아이가 텔레비전을 너무 많이 보면 다른 사람과 대화를 나누는 기술이 부족해지고, 커서 인간 관계에 문제가 생길 수도 있습니다.

아이가 혼자서 텔레비전을 보는 시간이 긴 것은 바람직하지 않습니다. 텔레비전을 볼 때는 조금 떨어진 거리에서 가족들과 함께 이야기를 나누면서 보는 것이 좋습니다. 텔레비전은 가족간의 유대 강화를 위한 수단으로만 활용하세요.

코가 막히면 머리가 나빠지나요

코가 막혀서 집중력이 떨어질 수는 있겠지만, 머리가 나빠지는 것은 아닙니다. 뇌와 코는 직접적으로 관계가 없으니까요.

코가 막히면 중이염이 오기 쉽습니다. 코로 들어온 세균이 귀에 들어와 염증을 일으키기 때문이지요. 그로 인해 청력이 손상될 수도 있습니다. 코가 막히면 답답하기 때문에 집중력이 떨어져 다른 사람의 말을 잘 듣지 못하기도 합니다. 코가 막혀 있으면 기분과 건강이 좋지 않으므로 빨리 치료해야 합니다.

아이가 콧물을 많이 흘리거나 코가 막힐 때는 코를 풀어 주는 것이 좋습니다. 아이가 너무 어려서 코를 못 푼다면 정제된 식염수를 한두 방울 콧구멍에 넣어 줍니다. 가습기를 틀어 놓는 것도 콧물을 묽게 해 주는 효과가 있습니다.

자면서 코를 골아요

코 고는 소리는 숨을 쉴 때 공기가 흐르는 통로 중 일부가 떨려서 나오는 것입니다. 아이의 콧구멍은 어른에 비해 좁기 때문에 약한 감기에 걸려도 부어 오르고 막히기 쉽습니다. 그래서 아이도 잠을 잘 때 코를 고는 것이지요. 하지만 아이가 기분 좋게 잠을 푹 잔다면 걱정하지 않아도 됩니다.

코를 고는 정도가 심하지 않다면 가습기를 사용해서 호흡기 점막이 건조해지는 것을 막아 숨을 편안하게 쉴 수 있습니다. 무엇보다 아이를 너무 피곤하게 하지 말고 충분히 쉬도록 해주세요.

한 살까지는 후두 발달이 아직 불완전하기 때문에 공기가 세게 들어가고 나가면 어른이 코를 고는 것 같은 소리를 내게 됩니다. 그러나 세 살이 지나서까지 잠을 잘 때 항상 코를 고는 소리를 낸다면 아데노이드나 편도비대증일 수 있으므로 진찰을 받는 것이 좋습니다.

아데노이드란

인두의 보호 기관인 인두 편도가 지나치게 커져서 일으키는 질환이다. 3, 4세경에 나타나서 14, 15세가 되면 없어진다.

코가 막혀서 입으로 호흡을 하게 되고, 말이 분명하지 못하며 호흡이 정상이 아니므로 충분히 잠을 잘 수 없고 코를 골기도 한다.

치료는 아데노이드 절제술이 가장 좋다. 가급적 감기에 걸리지 않도록 하며 수술 후에도 주의한다.

편도비대증이란

많이 볼 수 있는 증상은 아니지만, 아이들에게서 많이 볼 수 있는 것은 아데노이드가 증식된 것으로 호흡에 장애를 일으킨다. 연령 증가와 함께 커져서 학교 다닐 나이가 되면 최대로 되고, 사춘기 이후에는 없어진다.

입에서 냄새가 나요

　동물이 내뱉는 숨에는 냄새가 나기 마련입니다. 사자, 소, 말, 모두 호흡을 할 때 특유의 냄새가 나지요.

　사람도 동물이기 때문에 체취나 입 냄새가 나는 것은 당연합니다. 이것은 바로 그 사람 고유의 냄새라고 생각하면 됩니다. 이가 나지 않은 아이에게서 나는 입 냄새는 곧 그 아이의 냄새이지요.

　신경이 쓰일 정도로 입 냄새가 심하다면 수분 부족 때문일 수도 있으므로 물을 충분히 먹여 주세요. 수분을 충분히 섭취하면 입 냄새가 많이 줄어듭니다.

　음식을 먹인 후에는 반드시 물로 입 안을 헹구어 주고 거즈로 깨끗이 닦아 주세요. 이가 난 아이 중에서는 충치가 생겨 입에서 냄새가 날 수 있습니다. 곧바로 치과에 가보세요.

입 안의 하얀 점은 무엇인가요

아이는 혀나 입천장, 뺨 안쪽에 하얀 반점이 생기기도 하는데, 젖 찌꺼기라면 대개 부드러운 소독 거즈로 닦아내면 괜찮습니다.

만약 묽은 소금물로 닦아낸 후에도 계속 붙어 있다면 아구창을 의심해야 합니다. 아구창이라면 거즈로 벗기면 안 됩니다. 오히려 곰팡이균을 입 안 전체에 확산시키고 혀에 상처를 주기 쉽기 때문입니다. 아구창은 항생제 치료를 했다든가, 저항력과 영양에 장애가 있는 아이에게 흔히 발생합니다. 영양 장애가 심할 때는 중증이 되기도 하지만, 일반적으로는 양호합니다.

아구창은 짓무르기도 하고 무리하게 벗기면 피가 납니다. 발열은 없지만 아이가 젖을 먹지 못할 수도 있습니다. 곰팡이균이 낀 구내염의 일종이기 때문에 반드시 의사의 처방을 받아야 합니다.

고무 젖꼭지는 소독하거나 새로운 것으로 바꾸어야 합니다. 모유를 먹는 아이라면 엄마도 함께 치료를 받아야 합니다.

아이가 트림을 해요

트림은 위에서 가스가 입으로 역류하는 현상입니다. 아이의 위는 호리병 모양으로 서 있어서 트림이 나오기 쉽습니다.

수유를 할 때 아이는 위에 가스가 자주 찹니다. 아이는 젖이나 우유병을 빨 때 약간의 공기를 함께 들이마시기 때문입니다.

어떤 아이는 다른 아이보다 가스로 인해 자주 불편함을 느낄 수도 있습니다. 아이가 우유를 먹다가 잠시 멈추고 울 수도 있습니다. 가스가 찼기 때문에 트림을 하려고 젖먹기를 중단한 것입니다.

아이가 분유를 다 먹고 나면 반드시 트림을 시켜야 합니다. 엄마가 아이를 어깨 위로 똑바로 안아 올리고, 등을 가볍게 두드려 주거나 쓸어 주면 공기를 토해 냅니다. 젖보다 가벼운 공기는 위 속에 있다가 위로 떠오르게 되고 결국 밖으로 나오는 것입니다. 이때 약간의 젖이 트림과 함께 나올 수도 있습니다.

엄마가 트림을 시킬 때는 끈기 있게 기다려야 합니다. 아이는 대부분 3분 정도 지난 후에야 트림을 하지만, 어떤 아이는 트림을 하지 않고 있다가 몇 시간 후 큰 트림을 하기도 합니다. 만약 아이가 불편해하는 것 같으면 엄마 무릎에 아이를 엎드려 놓도록 합니다. 아이 머리를 옆으로 돌린 채 엎드려 놓아도 공기를 뱉어 낼 수 있습니다.

젖을 먹이기 전에 따뜻한 물을 몇 방울 먹이는 것도 효과가 있습니다. 수유 간격이 너무 길 때도 아이의 위에 가스가 차기 쉽습니다. 배가 고프면 아이는 울게 되고, 그렇게 되면 폐의 운동이 제대로 되지 않아 공기를 마시게 됩니다. 이런 상태에서 수유를 하게 되면 아이는 우유를 너무 빨리 먹게 되고, 계속해서 공기를 마시게 됩니다.

아이가 위에 가스가 차서 자주 괴로워 한다면 젖꼭지 구멍을 한번 확인해 보세요. 구멍이 너무 작을 경우 아이가 힘들게 빨면서 불필요한 공기를 들이마실 수도 있기 때문입니다. 구멍이 너무 클 때도 음식물과 함께 공기를 삼킬 수 있습니다. 이때는 아이에게 젖병을 기울여 공기 방울이 생기지 않도록 하면 도움이 됩니다.

질병에 관한 Q&A
제4장 젖을 다 토해내요

아이가 약을 안 먹으려고 해요

의사로서 환자에게 꼭 하고 싶은 말은 약은 처방에 따라, 제 시간에 일정한 양을 다 먹여야 한다는 것입니다. 처방된 약을 의사 지시대로 먹이지 않고 임의로 시판하는 약과 함께 먹이거나, 복용 횟수를 줄여서는 안 됩니다. 일정 이상의 양을 먹여서도 안 됩니다.

엄마가 보기에 병이 다 나은 것 같아도 약을 끝까지 다 먹여야 합니다. 병이 다 나았는지, 약을 그만 먹여도 되는지는 함부로 판단해서는 안 됩니다. 약을 너무 많이 먹으면 아이에게 오히려 해가 될 수 있고, 바이러스에 내성이 생길 수도 있습니다.

약을 먹이면 토하거나, 전혀 안 먹으려고 해서 도저히 먹일 수 없다면, 의사와 상담을 통해 아이가 먹기 편한 약으로 교체하세요.

약은 꼭 물로만 먹여야 하나요

약은 형태와 성질이 다양하고 복용 방식도 다양합니다. 어떤 약은 처음부터 병원에서 시럽에 타서 주기도 하지요. 어떤 엄마는 약을 분유에 타서 먹이기도 합니다.

예전에는 철분 약은 홍차나 녹차 같이 탄닌이 들어있는 차와 함께 먹지 말라고 했습니다. 탄닌이 철분의 흡수를 방해하기 때문이지요. 그러나 이제는 제약 기술이 발달하여 이런 작용을 차단하는 약들이 많이 나와 있습니다.

약은 의사의 처방에 따라서 횟수와 양을 정확하게 맞추어 먹여야 합니다. 이것만 지키면 주스나 아이스크림과 먹어도 상관 없습니다. 약을 물과 함께 먹이라고 하는 것은 대부분의 약들이 물에서 가장 빨리 녹기 때문입니다.

약을 먹지 않으려는 아이일수록 다양한 방법으로 먹여서 약에 대한 거부 반응을 줄이는 것이 좋습니다. 물로도 약을 잘 먹는 아이라면 굳이 다른 음료로 먹일 필요는 없습니다.

피부병은 어떻게 관리하나요

아이가 피부병에 걸렸을 때는 노출된 부위가 빨갛게 되고 껍질이 벗겨집니다. 콧물로 인해 코 밑이 허는 경우, 침이 묻어서 턱 밑이 빨갛게 되는 경우도 있습니다.

땀띠나 아토피성 피부염에 의해 습진이 생겼을 때는 피부를 청결하게 하고, 자극이 없는 비누를 사용합니다. 씻을 때에는 문지르지 말고 손으로 부드럽게 닦아 준 후에 비누 성분이 남아 있지 않게 깨끗이 잘 헹구어 냅니다. 주위 환경도 깨끗하게 해서 바이러스나 세균 감염을 방지해 주세요.

피부병은 씻지 않고 그냥 두어야 낫는다는 말도 있는데, 이것은 매우 잘못된 생각입니다. 피부를 더러운 상태로 그냥 두면 가려움증이 더 심해지고, 아이는 자꾸 긁게 되어 피부에 상처가 납니다. 이 상처를 통해 피부는 2차 감염을 일으키고 상태는 더욱 악화됩니다. 수두에 걸렸다고 해도 열이 없다면 살살 씻겨서 청결하게 해주세요.

피부 보호법

· 아이 피부는 연약하고 섬세하며 민감하기 때문에 조그만 외부 자
극에도 피부 질환이 생기기 쉽다. 이를 예방하기 위해서는 저자극
성의 순한 비누나 로션을 사용하고, 부드러운 면제품 옷을 입혀야
한다. 아이 옷을 세탁할 때도 자극이 적은 순한 세제를 사용하고,
여러 번 헹구어서 세제가 충분히 빠지도록 한다.

· 아이들 장난감을 늘 청결하게 해준다.

· 찬물 찜질이 일시적인 가려움을 해소해 주기도 한다. 심할 때는
의사의 치료를 받는 게 좋다.

열이 날 때에는 해열제를 먹이면 되나요 ✕

아이는 태내에서 엄마로부터 면역 글로블린을 받아 생후 4, 5개월까지 감기 바이러스 등에 거의 감염되지 않습니다. 하지만 5, 6개월 지나면 면역 물질이 줄어들고 행동 범위도 넓어지면서, 병에 걸리게 되고 열이 납니다.

아이는 잘 놀다가 갑자기 열이 나기도 하고, 다음날 아침이면 언제 그랬냐는 듯이 열이 내리기도 하지만, 엄마는 매우 걱정됩니다.

열이 날 때의 증상은 아이에 따라서 여러 가지입니다. 어떤 아이는 체온이 섭씨 37도만 올라도 잘 놀지 못하고 축 늘어지는가 하면, 체온이 섭씨 39도가 넘는데도 잘 노는 아이도 있습니다.

아이가 평소에 잔병 없이 건강하고, 열이 있어도 칭얼거리지 않고 잘 놀며, 엄마가 열을 내리기 위한 적당한 조치를 하고 있다면 해열제는 먹이지 않아도 괜찮습니다.

의사들이 해열제를 먹이라고 하는 것은, 아이가 고열로 인해 경기를 일으키는 것을 예방하기 위해서입니다. 그리고 고열로 인한 두통, 구토, 식욕 부진 등을 줄여 주기 위해서입니다.

아이가 고열이 계속 되거나 경기를 일으키며 의식을 잃어가고 있다면 빨리 병원으로

데려 가세요. 증상은 감기로 여겨지지만 신속한 조치가 없으면 후천적 뇌 장애를 일으킬 수도 있습니다.

열을 내리는 법

· 옷을 가볍게 입히거나 온몸을 노출시킨다.
· 온도는 섭씨 20~22도, 습도는 50~60퍼센트 정도로 유지시킨다.
· 발열과 호흡의 증가로 탈수가 올 수 있으므로 보리차 등을 먹여 탈수를 예방한다.
· 몸에 미지근한 물을 많이 묻혀서, 물이 마르면서 아이 몸의 열도 같이 발산될 수 있도록 한다.

체온 재는 법

· 체온을 잴 때는 겨드랑이나 항문에 체온계를 2분 정도 넣고 팔이나 다리를 잡아 준다.
· 아침 잠에서 막 깨어났을 때, 점심 식사 전, 저녁 식사 전, 밤에 잠자기 전 등 적어도 네 번 정도는 체온을 잰다. 체온을 잰 후에는 메모를 해 두었다가 의사의 진찰을 받을 때 알린다.

열은 몸의 아무 데나 재어도 되나요

열을 잴 때는 신체 어느 부위에서 쟀는가에 따라 체온이 달라집니다. 체온이 가장 높은 곳은 항문이고 그 다음으로 높은 곳은 입 안, 그 다음은 겨드랑이입니다. 입이나 항문에 비해서 겨드랑이는 지방이 두껍고, 땀이나 실내 온도에 영향을 많이 받기 때문에 항문이나 입 안보다 체온이 조금 낮습니다.

체온은 신체 어느 부위를 재도 상관없습니다. 예전에는 체온계에 수은을 사용했기 때문에 가급적 입 안에 넣지 않았지만, 지금은 체온계도 다양하고 안전하게 나오기 때문에 아이가 불편해 하지 않고, 위험하지 않은 신체 부위를 정해 두고 재면 됩니다.

체온은 항상 평소와 비교해야 하기 때문에 평상시의 아이 체온을 알고 있어야 합니다. 그러므로 평상시에 항문의 체온을 쟀다면 열이 났을 때도 계속 항문의 체온을 재야 정확하겠지요. 한 번은 겨드랑이의 체온을 쟀다가 다음에는 항문을 재면 발열 정도를 정확히 측정할 수 없습니다.

아이 몸에서 열이 난다면 얼음주머니 베개를 해주세요. 얼음주머니 베개는 열을 내리는 효과도 있지만, 시원하기 때문에 아이가 고통을 넘기기 쉽게 해줍니다. 하지만 얼음주머니 베개가 너무 차거나 얼음이 출렁거리면 아이가 싫어합니다. 아이가 싫어하지 않게 얼음의 양과 크기 등을 잘 조절하세요.

몸에서 열이 왜 날까요

열은 우리 몸이 바이러스나 세균과 싸우고 있을 때 나타나는 현상이다. 그 열에 의해서 바이러스나 세균이 약화되기도 하고 죽기도 한다.

열이 너무 높고 고열이 오랫동안 지속되면 아이가 경기를 일으키거나 두통이 심해져 체력이 소모될 수도 있으므로 가능하면 열을 내려주는 것이 좋다.

젖을 다 토하내요

잘 놀던 아이가 갑자기 토하면 엄마는 당황하게 됩니다. 아이는 과식을 했거나, 분유를 먹을 때 공기를 갑자기 많이 들이마신 경우, 장염에 걸렸을 때, 정신적 스트레스 등으로 토하게 되지요.

아이가 토할 때는 분유를 묽게 타서 조금씩 자주 먹입니다. 그리고 고개를 옆으로 돌려 토한 것이 기도를 막지 않고 밖으로 흘러 나올 수 있도록 해줍니다.

아이에게는 충분한 수분이 꼭 필요합니다. 그러나 아이가 토할 때는 수분 보충을 해주기가 참 어렵지요. 이때는 우선 큰 수저로 두 개 분량의 물을 15분 간격으로 자주 먹여 줍니다. 이렇게 몇 차례를 먹이고 난 후 더 이상 토하지 않는다면 조금씩 양을 늘려 주면 됩니다.

체중이 10kg인 아이는 아무 것도 먹지 않는 상태라고 했을 때 하루 최소 1리터의 물이 필요합니다. 그리고 물에 당분과 염분을 균형 있게 넣으면 됩니다. 이것을 맞추기가 힘들다면 아이용 이온 음료를 먹이는 것도 괜찮습니다.

열, 구토, 설사가 있는데 잘 놀아요

조금 병이 있는 증상을 보이지만, 잘 놀고 기분도 좋으며 식욕도 있다면 크게 걱정할 일은 아닙니다. 예를 들어 기침이나 콧물이 나오면서 열이 있어도 보채지 않고 잘 놀고, 잘 먹으면 큰 문제가 아닙니다.

하룻밤 자고 나서 열이 내렸다면 병원에 가지 않고 집에서 잘 보살피기만 해도 나을 수 있습니다. 심하게 토했다고 해도 한 번으로 끝났다면 괜찮습니다.

이것과 달리 여러 증상들이 동시에 나타나고 증상이 2, 3일 이상 지속된다면 주의해야 합니다. 아이가 보채고 잘 놀지도 못하며 식욕이 떨어진다면 반드시 의사의 진찰을 받아 보세요. 그렇지 않고 잘 놀고 잘 먹는다면 일단 상태를 지켜 보아도 괜찮습니다.

감기 기운이 있을 때 목욕을 시켜도 되나요

감기 기운이 있을 때에도 청결은 매우 중요합니다. 몸을 깨끗이 하고 피로를 풀 수 있도록 물의 온도를 잘 맞추어 주세요. 감기 기운이 있을 때에는 몸이 너무 차가워지거나 뜨거워지지 않게 해주어야 합니다. 감기 기운이 있을 때 목욕을 시키려면 다음 몇 가지 점에 유의해야 합니다.

목욕물은 섭씨 40도 정도가 좋습니다. 열이 난 아이를 체온보다 뜨거운 물로 씻기면 체온이 더 높아지고, 뜨거운 목욕으로 인해 땀을 많이 흘리면 목욕을 하고 난 후 갑자기 체온이 식어서 상태가 더 나빠질 수 있습니다.

잠은 목욕하고 바로 재우는 것보다 조금 놀아 주어서 몸에서 열이 난 다음에 재우는 것이 좋습니다. 목욕하고 난 후에 잘 보살펴 준다면 혈액 순환도 잘 되고 아이가 기분 좋게 잠들 수 있습니다. 머리카락도 잘 말려 주세요. 아이가 목욕하기 힘들어 한다면 미지근한 물을 묻힌 수건으로 닦아 주는 것도 좋습니다.

재채기는 감기의 신호인가요

재채기는 코의 점막이 자극을 받아서 일어나는 현상으로, 코 내의 이물질을 제거하려는 반사 작용입니다.

재채기는 감기에 걸렸을 때 세균이나 바이러스 등이 점막에 붙어 염증을 일으켜서 나기도 하고, 고추나 후추의 매운 자극, 또는 갑자기 차가운 기운을 들이마실 때 나오기도 합니다.

그러므로 아이가 재채기를 한다고 해서 반드시 감기에 걸렸다고 판단할 수는 없습니다.

감기는 추워서 걸리는 건가요

감기에 걸리는 원인은 여러 가지입니다. 추위는 그 여러 가지 원인 중 하나일 뿐이지요. 추우면 체온이 내려가고 목이나 기관지 혈액 순환이 원활하지 못해서 바이러스가 활동하기 좋은 조건이 만들어지는 것입니다.

대부분 감기 바이러스는 건조한 상태에서 활동이 활발해집니다. 아이가 춥게 느끼지 않도록 실내 온도를 조절해 주고, 건조하지 않게 수분을 공급해 주면 감기를 예방할 수 있습니다.

만약 감기에 걸렸거나 감기 기운이 있다면 가능한 추운 곳에 나가지 않고 두꺼운 옷으로 체온을 보온해 줍니다. 따뜻한 음식이나 음료를 먹어 몸을 따뜻하게 하는 것도 중요합니다.

감기 치료법

우리 나라 같이 대기 오염이 심한 곳에서는 감기가 한달 이상 가기도 하고 합병증이 올 우려도 있으니 반드시 조기에 치료해야 한다. 바이러스에 의한 감기는 안정과 보온, 충분한 영양 섭취가 중요하다. 열이 심하여 아이가 보챌 때는 임시로 해열제를 사용할 수도 있다. 가습기를 이용해서 방 안 습도를 높이는 것도 좋다. 열이 많이 나면 아이옷을 다 벗기고 미지근한 물을 수건에 묻혀서 몸을 닦아 준다. 기침이심하게 날 때 공기가 건조하면 기침이 더 심해지므로, 물을 많이 먹게 해서 가래를 되도록 묽게 만들어 준다.

주의할점

· 평소에 체력 관리를 잘 해주어야 한다. 날씨가 추워졌다고 해서 집 안에만 들어앉아 있으면, 아이는 기온 변화에 적응하지 못한다. 어릴 때부터 외기욕과 일광욕을 시키는 것이 좋다.

· 혈액 순환이 잘 되도록 피부를 마사지해서 단련시킨다. 기저귀를 갈 때나 목욕이 끝난 뒤 손이나 발, 배 등을 마사지한다.

· 저항력을 기르려면 옷을 얇게 입히는 것도 좋은 방법이다. 두꺼운 옷을 입히면 아이는 땀을 많이 흘리게 되고, 피부가 약해지면서 저항력도 떨어진다.

경기를 할 때 입에 뭔가를 물려 주어야 하나요 ✕

경기가 나면 아이는 열이 나거나 손발을 떨며 몸이 뻣뻣해집니다. 아이가 경기를 일으키면 대부분의 엄마는 매우 놀라 당황하는데, 경기는 그리 걱정할 일이 아닙니다.

아이가 경기를 할 때 중요한 것은 엄마가 당황하면 안 된다는 것입니다. 경기를 오래 한다고 아이가 죽지는 않으니까요. 경기는 간질도 아니고, 간질로 발전하지도 않습니다.

아이가 경기를 일으키면 우선 옷을 벗기고 눕혀서 편안하게 해줍니다. 아이의 손과 발을 잡아 주지 않아도 괜찮습니다.

경기를 할 때는 입술 경련도 일어납니다. 혀가 밖으로 나오면서 아이가 혀를 깨물 것 같아서, 엄마는 아이 입에 무엇인가를 물려 주어 혀를 깨무는 것을 방지하려고 합니다.

그러나 아이들이 혀를 잘릴 정도로 깨무는 경우는 없습니다. 오히려 아이의 입에 들어갈 정도의 작은 물건을 입에 넣어 주면, 이것이 목으로 넘어가 질식할 위험이 더 큽니다.

아이가 경기를 한다고 해도 입에 물건을 넣어 주지 마세요. 만일 아이가 혀를 깨물 것 같다면 거즈로 감은 나무젓가락을 가볍게 이 사이에 대 주세요. 엄마는 나무젓가락 한쪽을 잡고서 목으로 넘어가거나 목을 찌르는 것을 방지하면 됩니다.

아이가 음식을 먹다가 경기를 하면 입 안에 있는 음식물을 모두 빼주어야 합니다.

아이가 경기를 할 때 엄마는 아이에게 아무 것도 먹이지 마세요. 물도 먹이면 안 됩니다. 경기를 할 때 아이는 의식이 없기 때문에 음식이나 약이 잘못 들어가면 폐렴을 일으킬 수도 있습니다.

대신 아이가 경기하는 모습을 잘 관찰하세요. 눈이 어떻게 돌아가는지, 손과 발을 어떻게 떠는지, 몇 분간이나 경기를 하는지 살펴본 후 의사와 상담할 때 꼭 말해야 합니다. 경기를 한 뒤 아이는 죽은 듯이 자는데, 걱정하지 않아도 됩니다.

홍역에 걸리면 방 안에 가두어야 하나요

예전에 홍역은 한번 걸리면 생명이 위험해질 정도로 무서운 병이었습니다. 그래서 이 병에 대한 미신이 많았지요. 특히 절대로 바람을 쐬면 안 되며, 방문을 꼭 닫고 옷을 많이 입혀서 따뜻하게 해주어야 한다고 했습니다.

방문을 꼭 닫으라고 한 것은 다른 사람에게 전염되지 않기 위해서였습니다. 옷을 두툼하게 입히라는 것은 발진이 모두 나와야 병이 끝나기 때문에, 그 기간을 단축하기 위해서였을 것입니다.

그러나 좋은 간호법이 아닙니다. 바람직한 간호법은 보통 감기에 걸렸을 때처럼 춥지도 덥지도 않은, 아이에게 가장 쾌적한 상태를 만들어 주는 것입니다.

아이가 황달인 것 같아요

황달은 아이의 피부가 노랗게 되는 것을 말합니다. 대부분 아이는 태어난 직후 며칠 동안 약간 황달 증세를 보입니다. 적혈구 생성 과정에서 노란 색소가 일시적으로 모이기 때문에 나타나는 현상이지요. 이 색소는 간의 작용에 의해 없어지지만, 아이는 간 기능이 활발하지 못해서 황달이 일어나는 경우가 많습니다. 생리적인 황달은 대개 일주일 정도면 없어지는데, 일주일이 지나도 없어지지 않으면 치료를 해야 합니다.

모유 때문에 황달이 생겼다면 수유를 중단하는 것이 좋습니다. 모유를 먹이는 경우, 모유 성분에 의해서 간의 작용이 방해 받기 때문에 황달이 잘 옵니다. 모유를 2, 3일 정도만 중단하면 황달은 수일 내에 급격히 좋아집니다. 다시 모유를 먹이면 황달이 또 생기기도 하나 처음처럼 심하지 않고 약간 나타나다가 서서히 좋아집니다.

아이가 황달이 심하면 청력에 장애가 올 수 있고, 더 심하면 뇌 손상이 오기도 합니다. 출산 후 병원에 있는 동안 황달 증세가 나타나면 치료를 하지만, 퇴원 후 태어난 지 일주일이 넘었을 때 발생하는 경우도 있으므로, 이런 경우에는 병원에서 치료를 받아야 합니다.

아이가 천식인가 봐요

천식은 주위에서 흔히 접할 수 있는 병입니다. 천식에 걸리면 숨이 차고 기관지에 염증이 생깁니다. 기관지가 수축하고 숨쉬기가 힘들어 지지요.

대부분의 천식은 알레르기 때문에 생깁니다. 부모에게 알레르기가 있으면 자녀에게도 알레르기가 있을 확률이 매우 높습니다. 알레르기를 잘 일으키는 물질에는 꽃가루, 동물의 털, 곰팡이, 동물의 분비물, 우유, 계란, 복숭아 등이 있습니다. 바이러스나 심한 운동, 공기 오염, 담배 연기, 향수 등이 원인이 되기도 하지요.

천식에 걸리면 기침을 계속 하고, 기관지에서 쌕쌕거리는 소리가 납니다. 이 병은 만성적이고 반복적이어서 한번 걸리면 완전히 낫기 어렵습니다. 치료하는 도중에 더 나빠질 수도 있지요.

천식은 치료를 받는 환자뿐만 아니라 가족 모두가 신경을 써야 합니다. 가족들이 천식에 대해 잘 알고 천식이 있는 아이를 도와 주려 노력해야 합니다. 아이가 밤에 쌕쌕거려서 잠을 못 자겠다고 하거나, 가족 누군가가 개나 고양이를 기른다고 하면 참 난감하겠지요.

천식에 기침약을 함부로 사용해서는 안 됩니다. 기침을 줄이면 가래를 내뱉을 수 없어, 아이의 상태가 악화될 수 있습니다. 천식이 있는 아이에게는 반드시 의사의 처방에 의한 약만 주어야 합니다.

아이가 천식 증상을 보일 때, 엄마는 당황을 하면 안 됩니다. 아이도 당황해서 증세가 심해질 수 있습니다.

주의할점

- 집에서 개나 고양이 같은 애완 동물을 기르지 않는다.
- 집 안에 먼지가 날리지 않도록 한다. 가능하면 청소할 때에도 진공 청소기를 사용한다.
- 집에 곰팡이나 바퀴 벌레가 없어야 한다.
- 카펫이나 먼지가 날리는 소파를 사용하지 않는다.
- 이불을 깨끗이 하고, 자주 말린다.

땀띠분은 자주 발라 주어야 하나요

땀은 땀샘에서 만들어져 피부 표면의 땀구멍을 통해 분비됩니다. 체온 조절을 위해 땀을 배출하는 땀구멍이 막히면 땀샘이 염증을 일으키고, 이것이 바로 땀띠입니다.

아이는 어른에 비해 땀샘의 밀도가 높기 때문에 땀띠가 잘 생깁니다. 살이 겹쳐 땀이 차는 목 주위, 겨드랑이, 팔꿈치 안쪽, 넓적다리와 땀샘이 많이 분포되어 있는 등, 이마, 머리 주변, 가슴, 어깨 등에 흔히 나타납니다.

땀띠는 여름철에 생기는 대표적인 피부 질환이지만, 여름이 아니더라도 방 안이 너무 덥거나 아이가 땀을 많이 흘리게 되면 땀띠가 생길 수 있습니다.

땀띠는 처음에는 가렵지 않지만 염증을 일으키면 붉은 땀띠로 변하고, 몹시 가렵고 따끔거립니다. 그래서 아이들은 자꾸 긁게 되고, 긁으면 상처가 나기 쉬우며 상처 난 부위가 세균에 감염되어 고름이 생기기 쉽습니다.

땀띠 관리법

· 땀띠가 나지 않도록 시원하게 해준다. 땀을 많이 흘리지 않게 하며, 땀을 흘린 즉시 씻어 준다.
· 증상이 가벼울 때는 샤워를 자주 시키고, 옷을 자주 갈아 입히는

등 청결하게 해주면 금방 낫는다.

· 염증이 심할 때는 물에 적신 시원한 수건으로 부드럽게 닦아 주면 가려움증이 나아진다.

주의할점

· 땀 흡수가 잘 되지 않으면 땀띠가 더욱 심해지기 때문에, 땀띠가 심한 아이에게는 반드시 면제품의 옷을 입힌다.

· 몸에 꽉 끼이는 것보다는 헐렁한 옷을 입힌다.

· 비누를 사용하지 말고 땀띠분은 바르지 않는다. 땀띠분이 땀구멍을 막고, 땀띠분에 의해 땀띠가 자극되기 때문이다. 땀띠분보다는 땀띠 연고를 발라 주는 것이 낫다.

· 기저귀를 채우지 않는다.

· 천 기저귀를 사용하고, 세탁할 때에는 세제가 남지 않도록 여러 번 헹구어야 한다.

귀에 물이 들어갔어요

귀에 물이 들어갔다고 해서 중이염이 되는 것은 아닙니다. 고막에 상처가 나서 구멍이 생겼다면 콧속에 들어간 물이 이관을 타고 고막 안으로 들어가 중이염을 일으키는 것이지요. 중이염은 오히려 감기에 걸렸을 때 잘 생깁니다.

중이염 약은 효과가 빨라서 염증이 금방 나은 것처럼 보이지만, 일주일 동안은 약을 계속 먹여야 합니다.

중이염이 감기에 걸렸을 때 잘 발병하는 이유는, 기침이나 재채기를 통해 코나 목 안에 있던 세균이 콧속과 중이를 연결하는 관을 통해 중이로 가서 염증을 일으키기 때문입니다. 홍역이나 성홍열, 디프테리아 등에 걸렸을 때도 중이염을 일으킵니다.

중이염의 증상

섭씨 38~39도의 고열이 나면서 귀가 몹시 아프기 때문에, 말을 하지 못하는 아이는 손으로 귀를 문지르면서 자지러지게 운다. 젖도 잘 먹지 않고, 잠도 잘 못자며 자꾸 보챈다. 대부분 감기에 걸린 후 4, 5일이 지나면 중이염을 일으키는데, 고막이 터져서 귀에서 고름이 나올 수 있다. 열이 내리면서 통증이 가시기도 한다.

중이염 관리법 ─────────────────────

귀에서 고름이 밖으로 저절로 나오기도 하고, 고막을 절개해서 고름을 빼내면 낫는다. 그대로 방치해 두면 귀 뒤의 뼈나 머리로 번질 수 있다. 감기를 치료하는 중에 중이염이 의심되면 의사에게 반드시 말하고 진찰을 받아야 한다.

집에서는 안정을 취할 수 있도록 조용한 환경을 만들어 주고, 얼음주머니로 귀 뒤쪽을 차갑게 해준다. 목욕은 시키지 않는다. 귀에서 고름이 나올 때는 귓볼을 청결히 해주어서 습진이나 종기가 생기지 않도록 한다.

주의할점 ─────────────────────

한번 중이염에 걸린 아이는 감기에 걸리지 않도록 해야 한다. 치료를 제대로 하지 못했거나, 여러 차례 중이염에 걸리면 만성 중이염이 될 우려가 있다. 만성 중이염은 완치가 어렵고 감기에 걸릴 때마다 고름이 생겨 난청의 원인이 된다.

먼가를 삼켰어요

어린 아이들은 손에 잡히는 것이면 무엇이든 입 안에 넣습니다. 위험한 작은 물질이나 음식물을 넣어서 목구멍이 막혔다면 빨리 응급 처치를 해주어야 합니다.

약물이나 화학 물질을 삼켰다면 바로 병원으로 데려가야 합니다. 아이들이 집어 먹기 쉬운 약물은 대부분 집 안 상비약입니다. 아스피린이나 철분제를 삼켰다면 지체하지 말고 병원으로 가야 합니다.

부엌이나 목욕탕에 놓여 있는 세제류는 걷거나 기어다니는 아이에게 호기심을 불러일으켜 사고가 날 수 있으므로 손에 닿지 않도록 치웁니다. 아이가 표백제와 같이 독성이 있는 화학 물질을 삼켰다면 토하게 해서는 안 됩니다. 아이를 우선 안정시키고 금식시킵니다. 의식이 없으면 아이를 엎드려 놓고 머리를 옆으로 돌려 놓은 상태로 빨리 병원에 데려 가야 합니다.

땅콩, 동전, 바둑알, 단추 같은 딱딱한 물질이 목에 걸렸을 때에는 아이를 거꾸로 들어서 등을 두드려 줍니다. 목에 걸리지 않고 위로 넘어갔을 경우에는 대부분 변에 섞여 나옵니다.

담배는 아이에게 독극물과 같이 치명적입니다. 이상 반응이 없더라도 반드시 병원으로 데려가야 합니다.

아이가 이상한 것을 삼키면 우선 구토를 시킬 수도 있는데, 그렇게 하면 아이가 더 위험해질 수도 있습니다. 아이가 독극물이나 휘발유, 빙초산 등 산성이나 알칼리성이 강한 것을 먹었다면 토하면서 화상을 한 번 더 입을 수 있습니다. 이 때는 바로 응급실로 가야 합니다.

주의할점

- 집 안을 늘 깨끗이 치운다. 기어다니는 아이는 떨어져 있는 단추나 머리카락을 입 안에 잘 집어 넣기 때문이다.
- 화장품 및 화학 제품은 아이 손이 닿지 않는 곳에 둔다.
- 진공 청소기를 이용해 먼지를 자주 없애 준다.
- 약은 약 상자에 넣어서 아이가 만지지 못하는 곳에 둔다.

화상을 입었어요

화상은 아이들에게 가장 흔한 사고 중 하나입니다. 가벼운 화상일지라도 입원 치료를 받아야 할 때도 있지요. 화상은 정도에 따라 1도, 2도, 3도 화상으로 분류됩니다. 1도 화상은 피부가 빨갛게 변하면서 아립니다. 2도 화상은 물집이 생깁니다. 3도 화상은 피하 조직까지 화상을 입은 경우인데, 피부가 하얗게 변합니다.

화상을 입었을 때 제일 먼저 해야 하는 것은 화상의 원인인 열원을 제거하는 것입니다. 불에 데었다면 불을, 기름에 데었다면 기름을, 뜨거운 물에 데었다면 물을 없애야 합니다.

그 다음에는 화상 부위를 식혀 주어야 합니다. 화상 입은 부위를 차갑게 해주는 시간은 길수록 좋습니다. 가능하면 약 30분 정도는 꼭 해주세요.

옷을 입은 채 뜨거운 물을 뒤집어 썼다면 옷을 입힌 채 충분히 식혀 주어야 합니다. 옷을 무리하게 벗기면 피부까지 벗겨지므로 되도록이면 옷을 억지로 벗기지 않은 채로 병원으로 데려가야 합니다.

심한 화상일 경우에는 천으로 감싸거나 다른 물질을 대면 안 됩니다. 상처를 통해 2차 감염이 될 수 있기 때문입니다. 이 때는 바로 구급차를 부르고 차가 오는 동안에도 상처를 식혀 줍니다. 병원으로 가는 구급차 안에서도 계속 열을 식혀 주어야 합니다. 이렇게 해야 조금이라도 화상이 피부 깊숙이 진행되는 것을 막을 수 있습니다. 물집을 터트리면 세균에 감염되므로 터트리지 않습니다.

된장 바르지 마세요

화상을 입은 아이에게 된장이나 간장 등을 바르는 민간 요법을 실시하면 상태는 더욱 악화됩니다. 상처가 곪아서 치료가 오래 걸리기 때문에, 이런 방법은 사용하지 않아야 합니다.

아이도 차멀미를 하나요

차멀미는 회전 운동을 감지하는 세반고리관의 균형 감각이 흐트러져서 일어나는 것입니다. 세반고리관의 기능이 발달하지 않은 신생아는 아무리 흔들려도 차멀미를 하지 않습니다. 만약 1, 2개월 된 신생아가 차를 탔을 때 토하면 차멀미가 아니라 다른 원인 때문입니다.

아이가 6개월 정도 지나면 세반고리관도 발달하여 멀미를 느끼게 됩니다. 이 정도 된 아이가 오랜 시간 차를 탔을 때 토하는 것은 차멀미 때문입니다. 그러므로 어린 아이를 오랫동안 차에 태우는 것은 좋지 않습니다.

만약 어쩔 수 없이 장거리 여행을 해야 한다면 창 밖을 보게 하거나 자주 쉴 수 있게 합니다. 두세 살이 넘는 아이는 멀미약을 이용하는 것도 괜찮습니다.

차멀미 예방법

· 차를 타기 직전에는 아이에게 음식을 먹이지 않는다.
· 아이가 심리적으로 안정을 취할 수 있게 한다. 아이는 자신이 차를 타면 토할 거라고 생각하고 있기 때문에 그로 인해 불안해 한다. 그러므로 토할 것이라는 생각을 잊게 해준다.
· 차를 타는 동안 다른 일에 몰두하면 토하는 것을 줄일 수 있다. 아이가 좋아하는 장난감을 주어서 놀이에 열중하게 한다.

· 차 속도가 급격하게 변하지 않게 하고, 차가 좌우로 흔들리지 않게 천천히 운전한다.
· 아이가 토하면 토한 냄새가 안 나도록 깨끗이 치워야 한다. 차에 냄새가 배지 않도록 시트까지 잘 닦아 준다.

아이가 빈혈인가 봐요

빈혈은 적혈구가 모자란 상태를 말하는 것입니다. 적혈구는 영양분과 산소를 몸 구석구석까지 운반해 줍니다. 그러므로 적혈구가 부족해지면 건강에 심각한 문제가 생길 수 있습니다.

하지만 얼굴색만으로 건강을 판단하기는 힘듭니다. 깜짝 놀란다든지 너무 추운 곳에 있으면 누구나 얼굴색이 창백해지기 마련이니까요.

의사가 빈혈 여부를 검사할 때는 얼굴색만을 보는 것이 아니라 혀의 색, 아랫눈꺼풀색, 손톱색을 봅니다. 엄마가 보기에 색이 엷어진 것 같다면 의사에게 반드시 검사를 받아 보아야 합니다.

가벼운 빈혈인 경우에는 체내에서 조절되고 증상도 가볍습니다. 그러나 빈혈이 어느 정도 진행되면 피곤해 하고, 보채며, 식욕이 감퇴되고, 손발톱의 색에 변화가 옵니다. 입술 주변에 염증이 생기기도 하고 성장이 지연되며 체온 조절 이상, 주의 집중의 결핍, 학습 장애 등이 나타납니다. 다른 질병에 감염이 잘 되며 심하면 심장병을 일으키기도 합니다.

빈혈인 아이들은 철 결핍성 빈혈이 대부분입니다. 철분은 아이의 성장과 발육, 지능에 많은 영향을 미칠 수 있습니다. 그러므로 철분제를 먹어야 하는데, 철분은 많은 양을 먹는다고 효과가 빠른 것이 아닙니다. 식사 사이에 먹는 것이 흡수가 잘 되며, 오렌지 주스나 비타민 C와 함께 복용하면 흡수율을 높일 수 있습니다. 과일을 많이 먹는 것은 도움이 되지만, 우유는 오히려 저하시킵니다.

철분 함유 식품

소, 닭, 돼지의 간, 꽁치, 말린 고등어, 굴젓, 조개, 콩, 팥, 살코기, 녹색 채소, 파래, 말린 대추, 말린 미역, 말린 다시마, 김, 가지 말린 것, 고사리 말린 것, 깻잎, 깨, 잣, 해바라기 씨, 계란 노른자, 콩 등.

침을 많이 흘려요

아이는 입 안이 좁고 침의 양이 많기 때문에 침을 잘 삼키지 못하고 입 밖으로 흘립니다. 어른들이 보기에는 침을 너무 많이 흘리는 것처럼 보이지요. 아이가 침을 많이 흘려도 잘 먹고 잘 논다면 건강에는 문제가 없습니다.

아이는 이가 나거나 입 안이 더러우면 침을 더 많이 흘립니다. 그러므로 입 안을 잘 헹구어 주고 항상 깨끗하게 해주어야 합니다. 이가 나기 시작하고 밥을 먹을 때가 되면 침이 더욱 많아집니다. 침에 들어있는 '아밀라아제' 라는 효소가 탄수화물을 소화시키기 때문에 침의 분비량이 평소보다 더 많아집니다.

하지만 평소에 비해서 갑자기 침을 너무 많이 흘린다고 여겨지면 구내염에 걸렸을 수도 있습니다. 아이가 구내염에 걸리면 침을 삼킬 때 아프기 때문에 삼키지 못하고 흘려 버립니다. 보통 때보다 아이가 침을 지나치게 많이 흘린다면 입 속을 한번 들여다 보고, 구강에 물집이나 염증이 있는지 살펴 보아야 합니다.

어떻게 해야 흉터가 남지 않을까요

아이가 다치면 엄마는 제일 먼저 흉터가 생기지 않을까 걱정합니다. 아이가 상처를 입고 난 후에 흉터가 남지 않게 하려면 다음과 같이 해 주세요.

작은 상처라도 집에서 치료하지 말고 일단 병원에 갑니다. 병원에서는 소독약과 거즈로 깨끗이 치료해 줍니다.

바셀린을 바르지 않습니다. 바셀린을 바르면 당장은 피가 덜 나오지만, 상처가 덧날 수 있습니다.

상처가 아물 때 생기는 딱지를 떼어내지 않도록 합니다. 아이는 그 자리가 간지러워서 자꾸 떼어내려 합니다. 이때까지 관리를 잘 해주었어도 딱지를 떼어버리면 흉터로 남을 수 있습니다.

병원에서 싸주는 붕대를 풀지 않습니다. 답답해서 아이가 자꾸 풀려고 해도 다시 병원에 갈 때까지 그냥 두어야 합니다.

기저귀 때문에 엉덩이가 빨게졌어요

　기저귀 발진은 아이들에게 흔한 피부 질환입니다. 아이가 기저귀를 찬 채로 대소변을 보기 때문에 소변에 있는 암모니아가 피부를 자극해서 피부 질환을 일으킵니다. 통풍도 잘 되지 않고 축축하기 때문에 염증이 더 잘 생길 수 있지요.

　기저귀 발진은 사타구니와 다리 사이에 나는 염증인데, 피부가 붉어지면서 거칠어지고 심하면 진물이 납니다. 더 심해지면 기저귀가 닿는 부위가 거무스름해지면서 궤양이 생기기도 하지요.

　심한 경우는 치료를 받아야 합니다. 상태에 따라서 연고의 종류가 다르므로 연고를 함부로 사용하면 발진이 더 심해질 수 있습니다.

기저귀 발진 관리법

· 가장 좋은 치료는 기저귀를 채우지 않는 것이다.

· 기저귀를 자주 갈아 준다.

· 기저귀 발진이 생긴 부위를 통풍이 잘 되도록 한다. 오줌이 샐까 봐 기저귀 커버로 싸두면 더욱 심해진다.

· 대소변을 본 후에는 엉덩이를 잘 씻어 준다.

· 기저귀는 자주 삶아 준다.

· 세탁시 물로 충분히 헹구어서 세제가 남지 않도록 한다.

· 햇볕이 잘 드는 날엔 바깥에 말려서 자외선 소독을 한다.

· 엉덩이가 심하게 짓무른 아이는 기저귀를 벗겨서 엉덩이를 건조하게 해주어야 한다.
· 종이 기저귀보다는 천 기저귀를 사용한다. 빨기 어렵고 귀찮겠지만, 아이에게는 훨씬 좋다.

일상 생활에 관한 Q&A

제5장 엎어서 재우면 머리 모양이 예뻐질까요

집 안에서도 양말을 신겨야 하나요

아직 걸음이 미숙한 아이에게 양말을 신겨 놓으면 미끄러져서 다칠 수 있으므로, 맨발로 두는 것이 좋습니다. 맨발로 지내면 발의 감각도 발달됩니다. 만약 실내가 춥거나 바닥이 차갑다면 미끄러지지 않는 양말을 신겨야 합니다. 아이는 차가움을 느끼는 감각이 비교적 둔하기 때문에, 자기 발이 차가워져도 잘 모릅니다.

실내에서 양말을 신겨야 할지, 말아야 할지 는 아이의 특성과 집안 환경에 따라 결정 해야 합니다. 아이의 상태를 잘 살펴 보고 아이가 춥게 느끼는 것 같거나 아이의 발이 너무 차가우면 양말을 신겨 주세요. 그렇지 않다면 맨발로 두어도 괜찮습니다.

언제부터 업어 주는 것이 좋은가요

아이가 고개를 가눌 수 있을 때부터 업어 주는 것이 좋습니다. 보통 아이들은 2~4개월 정도 되면 고개를 가눌 수 있습니다.

태어난 지 2개월 정도 된 아이를 업어 줄 때에는 매우 조심해야 합니다. 목 받침대가 있는 띠를 사용해서 아이의 목을 받쳐 주고, 가슴 쪽으로 아이를 업어 주어야 합니다. 아직 아이가 고개도 잘 가누지 못하고, 몸속의 장기도 제자리를 잡지 못한 상태이므로 엄마는 매우 조심해야 합니다.

4개월 정도 된 아이는 어느 정도 고개를 가눌 수 있습니다. 이 정도 되면 엄마 등에 아이를 업어 줄 수 있는데, 아이의 다리가 굽지 않도록 합니다.

아이가 자주 운다고 그때마다 아이를 업어 주는 것은 좋은 방법이 아닙니다. 자칫 업어 주는 것이 아이의 버릇이 될 수도 있습니다.

얇게 입히는 것이 건강에 좋은가요

신생아는 체온 조절을 잘 못하기 때문에 추운 곳에 있으면 몸이 금방 차가워집니다. 그래서 겨울에 태어난 신생아는 어른보다 옷을 한 장 더 입혀야 하지요.

하지만 아이가 자란 후에도 어른보다 옷을 더 입히는 것은 건강에 좋지 않습니다. 아이의 몸은 열이 많아서 이렇게 옷을 많이 입히면 체온을 몸 밖으로 발산하지 못하고 몸이 뜨거워집니다.

옷이 두꺼우면 몸을 움직이기 불편해서 활동적이지 못한 아이가 될 수도 있습니다. 보통 1, 2개월에는 어른보다 얇은 옷을 한 장 정도 더 입히고, 3, 4개월에는 어른과 똑같이 입히며 5, 6개월 지나면 오히려 어른보다 한 장 더 적게 입히는 것이 좋습니다.

한 살밖에 안 된 아이의 체력을 단련시켜 준다고, 추운 날씨에 옷을 얇게 입혀서도 안 됩니다. 아이가 자신의 마음을 표현할 수 있기 전까지는 온도 변화에 민감하게 옷을 입혀 주어야 합니다. 추위를 견딜 수 있게 하는 것은 서너 살이 지난 후부터 시작하는 것이 좋습니다.

아이에게 성인용 로션을 발라도 되나요

유아용 로션에는 피부에 수분을 공급하고 냉기를 차단하는 성분이 들어있습니다. 성인용 로션은 강한 향을 내기 위해 자극적인 성분이 들어있는 경우도 있고, 여러 가지 다양한 물질을 첨가하기도 합니다.

성인용 로션과 유아용 로션 성분의 차이를 한 마디로 설명하기는 어렵지만, 성분을 잘 모르는 경우에는 아이 손등에 조금 발라 보고 문제가 있는지 살펴 본 다음에 바르는 것이 좋습니다. 하지만 가능하면 아이에게는 유아용 로션을 발라 주는 것이 안전합니다.

아이에게는 꼭 유아용 비누를 써야 하나요

　성인용 비누나 샴푸에는 강한 향료나 화학 물질이 들어있습니다. 아이를 씻길 때는 비누나 샴푸가 눈에 들어가기 쉬운데, 성인용 비누는 아이에게 자극을 줄 수 있습니다. 그러므로 되도록이면 아이에게는 아이를 위해서 만들어진, 자극이 적은 유아용 제품을 사용하는 것이 좋습니다.

　처음부터 유아용 제품을 쓰고 아이가 특정한 향을 좋아한다면 두세 살이 되어도 그 제품을 사용하세요. 유아용 비누나 샴푸라도 냄새가 너무 강하거나, 아이에게 맞지 않아 피부에 문제가 생긴다면 쓰지 않는 것이 좋습니다.

　특히 요즘에는 많은 유아용 제품들이 있습니다. 그것들을 사용하면 아이를 목욕시킬 때의 어려움을 많이 줄일 수 있습니다. 아이는 자신이 좋아하는 만화 주인공이나 그림들이 새겨진 목욕용품을 보면 기분이 좋아지고, 목욕하는 시간도 즐거워합니다.

약은 어떻게 보관해야 하나요

약은 햇빛에 약합니다. 대부분의 약병이 갈색인 이유는 햇빛을 차단하기 위해서이지요. 모든 약에는 보관법이 적혀 있으니 꼭 읽어 보아야 합니다. 대부분의 약은 건조하고 그늘진 상온에서 보관하는 것이 좋습니다.

약이 상할까 봐 냉장고에 보관하는 것은 좋지 않은 방법입니다. 약 성분이 엉겨서 침전되기 때문입니다. 약을 장기간 보관하기 위해 냉장고에 두는 것은 더욱 안 좋습니다. 약을 오랫동안 보관하는 것은 좋지 않으며, 유효 기간도 반드시 확인하세요.

간혹 약병 끝을 빨아 먹게 하는 엄마들도 있는데, 약병에 침이 묻으면 약이 금방 상합니다. 절대로 빨아 먹게 하지 마세요.

의사가 처방해 준 약이 남았다고 해서 비슷한 증상의 다른 사람에게 먹이는 것도 안 됩니다. 약은 개개인에 맞춰서 조제되는 것이기 때문이지요.

종류별 보관법

· 가루약이나 알약은 상온 보관한다.
· 시럽 같은 액체 약은 냉장 보관한다.

94

귀지는 매일 닦아 주어야 하나요

귀지는 그냥 놔두면 자연적으로 떨어져 나갑니다. 그러므로 매일 닦아 내거나 무리하게 떼어내지 않아도 됩니다.

특히 아이의 귀지를 떼어내는 것은 위험합니다. 엄마가 보기에 쉽게 떼어낼 수 있을 것 같은 귀지는 저절로 밖으로 나오므로 무리하게 떼어내지 말고 그냥 두세요. 귀가 막힐 정도로 문제가 생겼다면 이비인후과나 소아과에서 제거하는 것이 좋습니다.

귀지를 무리하게 떼어내다 보면 귀에 상처를 낼 수 있고 다른 기관을 건드릴 수도 있습니다. 평소에는 깊은 곳을 건드리지 말고 귓바퀴나 바깥쪽의 보이는 부분만 깨끗이 해주면 됩니다.

아이들 보는 앞에서는 면봉이나 귀이개로 귀를 파는 것을 보여 주는 것도 위험합니다. 아이가 이쑤시개나 젓가락으로 흉내를 내다가 다칠 수 있기 때문입니다.

귀지에 관한 모든 것

· 귀지는 귀에서 나온 분비물과 표피가 떨어져서 생긴 것이다.
· 체질적으로 분비물이 많은 사람은 황갈색의 엿 같은 귀지가 생기기도 한다.
· 일반적으로 귀지는 건조된 황백색의 엷은 막으로 되어 있으며 간단히 제거할 수 있다.

· 귀지가 많아지면 덩어리가 되어서 귀를 막을 수도 있다.
· 귀지가 귀를 막으면 난청, 이명(耳鳴), 갑갑함, 통증 같은 것을 느낄 수 있다. 몸을 움직일 때마다 잡음, 이물감을 느끼기도 한다. 이럴 경우는 의사와 상담 후 제거해 주어야 한다.

목욕 후에는 반드시 물을 마셔야 하나요 ✕

한 살까지 목욕은 1주일에 2, 3회가 적당합니다. 너무 자주 하면 피부가 건조하게 될 수 있기 때문입니다. 유아용 욕조에 물을 담아 아이를 욕조에 넣고, 수건으로 얼굴과 몸을 닦아 주는 정도면 충분합니다.

배꼽이 아직 떨어지지 않은 신생아는 욕조 목욕을 시키지 말고, 수건으로 몸을 닦아 줍니다.

어른들은 목욕을 오랫동안 해서 많은 양의 땀을 냅니다. 이렇게 땀을 많이 내면 몸 안에 수분이 부족해지고 갈증이 납니다. 그래서 어른들은 목욕을 하고 나서 물이나 음료수를 마시지요. 하지만 아이들은 그렇게 할 필요가 없습니다.

목욕을 하고 나면 반드시 물을 달라고 울어대는 아이가 아니라면, 반드시 물을 먹일 필요는 없습니다. 하지만 아이가 물을 마시고 싶어 한다면 주는 것이 좋습니다.

아이를 목욕시키는 방법 1

· 미끄러짐을 방지하는 고무 매트를 욕조 바닥에 깐다.

· 목욕탕에 예쁜 색의 스티커를 붙인다.

· 아이가 혼자 앉거나 서 있더라도 언제든지 아이를 받쳐 줄 수 있
도록 준비한다.

· 알칼리성 비누를 쓰지 말고 순한 유아용 비누를 쓴다.

· 아이 얼굴에 직접 비누칠을 하지 않고, 엄마 손에 먼저 비누를 바
른 후 충분히 거품을 내고 그 거품으로 아이를 씻긴다.

· 대소변이 계속 닿는 엉덩이 부위를 깨끗이 씻어 준다.

· 눈에 비누나 샴푸가 들어가지 않도록 한다.

· 목욕이 끝난 다음엔 마사지 크림을 바른 후, 마사지를 해준다.

식사 후에 곧바로 목욕을 시켜도 되나요

식사를 하면 체내의 혈액이 위로 몰려서 위가 운동할 수 있게 도와줍니다. 그래야 소화가 잘 되지요. 이때 목욕을 하게 되면, 위로 가야 할 혈액이 집중되지 않아 음식물의 소화·흡수를 방해합니다.

아이 역시 위가 안정되지 않은 상태에서 목욕을 하면 불쾌해집니다. 수유를 하고 있는 아이라면 수유한 후 30분 정도 지난 다음에 목욕을 하는 것이 좋고, 이유식이나 밥을 먹는 아이라면 식사 후 30분 정도 지난 후에 하는 것이 좋습니다.

아이를 목욕시키는 방법 2

· 목욕은 오전이나 초저녁에 우유를 주기 전에 시킨다.
· 생후 몇 주간 동안은 욕조에 담그지 말고, 물을 묻힌 수건이나 스펀지로 닦아 준다.
· 목욕을 시킬 때 방의 온도는 섭씨 24~27도 정도로 한다. 목욕물의 온도는 섭씨 35~36도 정도로 한다. 팔꿈치나 손목 안쪽을 담갔을 때 너무 뜨겁게 느껴지면 아이가 화상을 입을 수 있다. 아이는 물 속에 5분 이상 담그지 않는다.
· 욕조에 찬물을 먼저 부은 다음, 뜨거운 물과 찬물이 완전히 섞이도록 한다.
· 아이가 욕조 안에 있는 동안 절대로 뜨거운 물을 더 붓지 않는다.

· 필요한 도구는 손이 닿는 곳에 미리 준비해 놓고, 아이를 욕조에
혼자 내버려두지 않는다. 아이는 얕은 물에도 빠질 수 있기 때문
이다.
· 물장구 치기, 물방울 만들기, 장난감 물에 띄우기 등의 놀이로 아
이가 긴장을 풀고 조용히 놀게 한다.

잘 자는 아이가 키도 쑥쑥 크나요

사람은 잠을 잘 때 네 단계 과정을 반복합니다. 이 중에서 중요한 단계는 논렘(NON-REM)이라는 보통 수면 층과 렘(REM)이라는 수면 단계입니다. 논렘 수면은 뇌와 신체가 함께 푹 잠드는 상태를 말합니다. 렘 수면은 몸에 힘은 없지만, 뇌의 일부가 깨어 있는 상태입니다. 눈은 감겨 있지만 눈동자는 빠르게 움직이고 근육 긴장이 억제됩니다. 호흡 및 맥박이 빠르고 불규칙적으로 되며, 꿈이나 악몽이 일어납니다.

물론, 이런 복잡한 잠의 단계를 안다고 해서 잠을 잘 자는 것은 아닙니다. 논렘이라는 수면의 가장 깊은 단계에 들어가면 아이 몸에서는 성장 호르몬이 나옵니다. 그래서 푹 잘 자는 아이가 키도 쑥쑥 큰다는 말이 나왔나 봅니다.

그러나 생후 4개월 이후에도 잠을 너무 많이 자거나, 수면 상태가 부자연스러워 보인다면 의사의 진단을 받아 보는 것이 좋습니다.

잠의 네 단계

제1단계 막 잠이 드는 상태. 정신이 흐려지기 시작한다. 꿈은 아직 꾸지 않으며 뇌·활동이 느려진다. 작은 소리에도 쉽게 깨어나지만 다시 잠들게 된다. 몸은 거의 움직이지 않으며 체온이 조금 떨어진다.

제2단계 뇌 세포의 활동이 점점 느려지고 저항할 수 없을 정도로 잠에 빠져드는 상태. 제1단계와 제2단계의 수면이 전체 수면의 절반을 차지한다.

제3, 4단계 깊은 수면 단계. 뇌 활동이 느려지게 되며, 한 번 잘 때 약 2시간 정도 지속된다. 맥박과 호흡이 느려진다. 몸과 얼굴은 움직이지 않으나 근육은 계속 긴장된 상태다.

역설적 수면 깊은 수면 후에 꿈이 나타나는 단계. 유아기에는 이 렘(REM) 수면이 전체 수면 시간의 약 40~50퍼센트를 차지하다가 성인이 되면 약 20퍼센트 정도로 줄어든다. 잠의 절정을 이루는 수면 상태로서, 뇌 세포가 에너지를 충전하고 하루 동안 배운 것을 저장해 두며 기억을 정착시키는 순간이다. 이 단계를 역설적이라고 하는 것은 뇌 전도가 깊은 수면 과정에서처럼 근육 이완을 보여주면서도 때로는 제1단계에서처럼 가벼운 수면 상태를 나타내기 때문이다. 한마디로 깊은 수면과 경계 태세, 꿈과 현실, 기쁨의 세계와 고통의 세계가 공존하는 상태라고 할 수 있다.

잠꼬대를 하는데 깨워야 할까요

잠꼬대는 몸이 잠들어있는 상태에서 뇌가 일시적으로 깨어 있는 렘 주기에서 말을 하는 것입니다. 이때 아이가 하는 말에 대답을 해주면 잠들어있는 신체까지도 깨우게 됩니다. 그러면 아이는 잠을 충분히 자지 못하게 됩니다.

그러므로 잠꼬대가 심하지 않다면 그냥 두어도 괜찮습니다. 만약 아이가 울거나 힘들어 하면 무서운 꿈을 꾸면서 악몽에 시달리는 것이므로, 일단 깨운 후에 꿈을 잊고 다시 편안히 잠들게 해주면 됩니다.

졸리면 손발이 따뜻해지나요

할머니들은 아이가 짜증을 부리면 손발을 만져 봅니다. 그리고 손발이 따뜻하면 '우리 애기, 졸립구나, 그래서 짜증이 나시는구먼' 하고 말합니다.

맞는 말입니다. 졸리면 부교감 신경이 자극을 받아 말초 혈관이 확장됩니다. 커진 혈관으로 혈액이 흘러 들어가서 손발이 따뜻해지는 것이지요. 졸리면 한동안 손발이 따뜻하다가 땀이 나고, 땀이 발산되면서 점점 차가워집니다. 그래서 자고 있는 동안은 손발이 차갑습니다.

어른도 편안한 상태에서는 말초 혈관에 혈액에 몰려서 손발이 따뜻해지고, 긴장하거나 무서움을 타면 손발이 차가워집니다.

100

엎어서 재우면 머리 모양이 예뻐질까요 ✕

아이가 엎드려서 자면 돌연사 할까 봐 걱정하는 사람들이 많습니다. 하지만 엄마가 아이를 똑바로 눕혀서 재워도 아이들은 자면서 몸을 많이 움직이고 스스로 뒤집기도 하며 엎드려 자기도 합니다.

아이가 자는 동안 엄마가 계속해서 지켜볼 수는 없습니다. 아이가 엎드려 자는 것이 걱정된다면 엄마가 생각하는 대로 해주세요. 엄마가 생각하기에 아이의 자세가 불편해 보여서 자세를 고쳐 주어야겠다고 생각되면 고쳐 주고, 그대로 잘 자니까 괜찮다고 생각되면 그냥 놔두면 됩니다.

어떻게 하든 아이는 자면서 몸을 심하게 움직이고 자세도 자주 바꿉니다. 아이는 어른에 비해 움직이는 범위도 큽니다. 똑바로 자든 엎드려 자든 그 자체가 문제가 되는 것은 아닙니다.

엎어 재우기의 장점

· 아이는 목구멍과 위를 연결하는 부분이 아직 완전히 발달하지 못해서 위의 내용물이 목구멍 위로 넘어와 토하는 일이 많다. 엎어 재우면 위에서 나온 내용물을 빨리 비워 줄 수 있으므로 역류 현상을 줄일 수 있다. 아이가 자다가 우유를 넘기거나 토하더라도 엎어 놓은 상태에서는 토사물이 아이를 질식시키거나 다시 입으로 들어갈 염려가 없다.

· 엎어 재우는 것은 아이 몸 가운데 예민한 부분을 따뜻하게 해줘서 아이가 우는 시간을 줄일 수 있다.
· 엎어 재우는 아이는 뒤집기나 기어다니는 것이 빠르다. 팔과 무릎으로 밀며 가는 것을 쉽게 배우기 때문이다.

엎어 재우기의 단점

· 머리 모양이 예뻐진다는 점 때문에 아이를 엎어서 재우는 경우가 많다. 그러나 '자연 돌연사 증후군'이라고 하여 원인 모르게 아이가 사망하는 일이 많다.
· 엎어 재우게 되면 체온이 높아져 심상과 호흡의 조절에 부담이 되며 깨는 능력을 떨어뜨린다. 얼굴이 이불에 닿아서 호흡이 막힐 염려가 있고, 잦은 호흡 곤란을 일으켜 질식의 위험이 있다.

낮잠을 자지 않으면 수면이 부족해지나요 ✗

밤에는 잠을 잘 자고 낮에는 자지 않는 아이, 밤에는 잘 자지 않고 낮잠이 긴 아이, 밤에도 잘 자고 낮에도 잘 자는 아이 등 잠을 자는 것은 아이마다 모두 다릅니다. 이것을 적절하게 조절해 줄 필요는 있지만, 아주 신생아는 아직 규칙적으로 생활하지 못합니다. 정확한 패턴이 없는 것은 이상한 일이 아닙니다.

5, 6세까지 아이는 낮잠을 잘 수 있습니다. 체질에 따라서 어릴 때부터 낮잠을 자지 않는 아이도 있고, 낮잠을 자지 않을 나이가 되었어도 자는 아이도 있습니다. 잠을 자는 것도 아이의 신체 리듬에 따르는 것이므로 크게 걱정할 일이 아닙니다.

하지만 자다가 자주 깬다든지, 잠을 깊이 자지 못해서 잠에 취해 있는 것 같다면 전문가와 상담하는 것이 바람직합니다.

낮잠은 생활 리듬에 맞게

낮잠을 꼭 자야 되는 것은 아니지만 아이의 성장 리듬을 고려해 볼 때, 3세 이전까지는 낮잠을 한 번 정도 자야 수면 보충이 이루어진다. 아이가 낮잠을 안 자고도 하루 종일 피곤해 하지 않거나 밤에 자는 시간이 충분하다면 걱정하지 않아도 된다.

오후 늦게 낮잠을 재우는 습관은 좋지 않다. 일찍 재우고 싶다면 아침에 일찍 깨어나도록 하고 정오 전후에 낮잠을 재운다.

낮잠은 아침에 일어나는 시간과 아이의 신체 활동량, 밤의 수면 시간에 따라 자연스럽게 자도록 한다. 잠을 일찍 재우면서 일어나는 시간은 그대로 한다면, 아이는 잠이 깊이 들지 못하고 밤에 자주 깨어나게 된다. 아이의 잠자는 습관은 반드시 아이의 신체 리듬을 고려해서 길러 주어야 한다.

아이가 너무 늦게 자고 늦게 일어나요

하루 동안의 수면 시간이 충분하다면 늦게 자고 늦게 일어나는 것이 신체적으로 큰 문제가 되는 것은 아닙니다. 하지만 육체적인 건강뿐 아니라 정신적인 건강도 중요하기 때문에 늦게 자고 늦게 일어나는 것은 고쳐 주는 것이 좋습니다.

아이가 계속해서 늦게 자고 늦게 일어나면, 유치원이나 학교를 가야 할 나이가 되어서 등교 시간에 맞추기가 힘들어집니다. 아침에 일어나는 것이 힘들면 학교에 가기 싫어지고 다른 사람과의 규칙적인 생활이 싫어질 수 있습니다. 그때 가서 일찍 일어나려고 해도 이미 익숙해진 신체 리듬을 바꾸기는 매우 힘들어집니다.

자칫 수면이 부족해져서 오전에는 정신이 없거나 심하면 건강 상태가 나빠질 수도 있습니다. 그러므로 어려서부터 일찍 자고 일찍 일어나는 습관을 들일 수 있도록 하세요.

아이가 눈을 뜨고 자요

실눈을 뜨고 자는 것은 아이들에게 많이 나타나는 현상입니다. 어른이 되면 대부분 없어지지요. 성장하면서 눈을 덮고 있는 '안륜근' 이라는 근육이 안정되기 때문입니다.

아직 근육이 모두 발달하지 않은 아이라도 긴장을 풀고 잘 때는 어느 정도 눈을 감을 수 있습니다. 하지만 아직 완전하지 않은 상태이기 때문에 실눈을 뜨고 있는 것처럼 보일 뿐이지요.

실눈 정도가 아니라 거의 눈을 다 뜨고 있거나, 다음날 아침에 눈이 충혈되어 있으면 결막염에 걸릴 수도 있습니다. 이때는 반드시 의사의 진단을 받아야 합니다.

아이도 꿈을 꾸나요

아이는 말로 표현을 잘 못하기 때문에 꿈을 꾸지 않는 것처럼 생각될 수도 있습니다. 하지만 잠을 자는 아이의 뇌파를 검사해 보면, 아이도 꿈을 꾸고 있다는 것을 알 수 있습니다.

이미 세상을 경험한 10개월 정도 된 아이는 엄마가 보아도 꿈을 꾸고 있다는 것을 알 수 있습니다. 아이가 잠을 자다가 인상을 쓰거나, 울기도 하고, 갑자기 눈을 뜨기도 합니다. 좋은 꿈을 꾸는지 방긋방긋 웃기도 합니다. 아이가 꿈을 꾸고 있기 때문이지요.

아이가 태내에 있을 때부터 꿈을 꾼다고 주장하는 사람도 있지만, 꿈을 언제부터 꾸기 시작하는지는 아직 정확히 밝혀지지 않았습니다. 목을 가누지 못하는 아이라 해도 가끔 잠을 자면서 웃는 경우가 있습니다. 아마 아이는 맛있는 우유를 먹고 있는 꿈을 꾸는 것인지도 모릅니다.

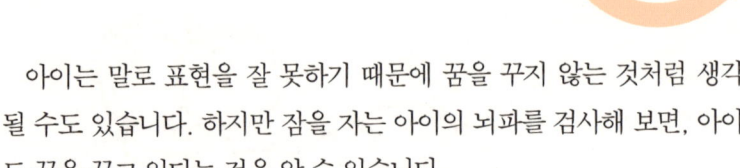

고집센 우리 아이, 누굴 닮았을까요

유난히 성질이 급하고, 제 성질에 못 이겨 경기까지 일으키는 아이가 있습니다. 원하는 대로 안 되면 꽥꽥 소리를 지르고, 신경질적으로 난동을 부리기도 하며 울다 지쳐서 숨을 못 쉬기도 하지요. 하지만 아이가 이렇게 울어댄다고 큰 문제가 있는 것은 아니므로 놀라지 말고 차분하게 달래 주세요.

고집이 세다는 것은 아이의 성격입니다. 부모 중에서 아이 때 이런 성향을 보였던 사람이 있는지 한번 알아 보세요. 만약 아이민 그렇나면 그것은 부모가 아이를 대하는 방식에 문제가 있는 것입니다. 대부분은 아이가 성질을 부리고 떼를 쓰는 것이 귀찮고 시끄러워서, 부모들이 아이의 말을 무조건 들어 주어서 그렇게 된 것입니다.

예쁘다고 원하는 것을 무엇이든지 들어 주면 자라면서 더욱 더 통제하기 어려워집니다. 아이가 원하는 대로 안 되는 것은 이유를 차근차근 설명해 주면서, 아이의 고집스러운 성격을 어려서부터 고칠 수 있도록 해주세요.

외동 아이는 어떻게 길러야 할까요

외동 아이의 장점은 부모의 사랑을 듬뿍 받고 자랐기 때문에 성격이 밝다는 것입니다. 하지만 엄마가 늘 옆에 있으므로 다른 아이들과 놀아 볼 기회가 거의 없습니다. 친구들과 놀 때도 자기 장난감을 만지지 못하게 해서, 친구들에게 따돌림을 받기도 하지요.

유치원이나 학교에 들어가서도 사회성이 부족해서 문제가 생길 수 있습니다. 집에 있을 때는 모든 사람이 자신에게만 주목하는데, 유치원에서는 집에서만큼 관심을 받지 못하므로 선생님이나 친구들의 관심을 끌기 위해 일부러 비뚤게 행동할 수도 있습니다.

아이에게는 형제가 있는 것이 좋습니다. 형제가 있으면 또래끼리의 관계도 경험하고, 부모가 다른 형제들을 대하는 것을 보고 인간 관계에 대해서도 익힐 수 있습니다. 그래서 보편적으로 혼자보다 형제와 함께 자란 아이가 사회성, 참을성, 양보심 등이 좋습니다.

외동 아이에게 동생이 생기면 성격이 좋아질거라고 생각하는 부모도 있지만, 처음 얼마 동안은 오히려 성격이 나빠질 수 있습니다. 소외감을 느끼고 불안해 하면서 어리광을 피우기도 하지요. 이때 엄마가 '아이는 혼자서 아무 것도 못하지만 너는 잘 할 수 있다'고 따뜻하게 말해 주면 아이는 차츰 나아집니다.

외동 아이 사회성 길러 주기

아이가 한 명만 있는 부모들의 가장 큰 고민은 아이의 독립심, 사회성, 양보심을 어떻게 길러 주어야 하는가이다. 자녀가 한 명일수록 이웃과 친척들과의 관계가 중요하다. 사회가 개인화, 고립화 되어 가고 있는 환경에서 역설적이게도 가장 중요한 것은 사람과의 관계이다.

어른들과 마찬가지로 아이에게도 그들만의 사회가 있다. 부부 동반, 가족 동반 모임을 자주 가지면서 아이들끼리도 친구가 될 수 있게 배려해 주어야 한다. 친구들뿐만 아니라 이웃, 친척들도 좋은 동반자가 될 수 있다.

어른들끼리 만날 때 아이를 데리고 나가서 세상은 혼자가 아니라는 것을 알게 하고, 친척과 형제간의 따뜻한 정을 느끼게 해준다. 가끔씩 아이들끼리 보낼 수 있는 시간도 마련해 준다. 그러면 부모에게만 의지했던 아이들에게 독립심이 생겨나고, 그들 사이에서 손윗사람과 손아랫사람을 대하는 태도도 배우며, 혼자가 아니기 때문에 양보해야만 사이 좋게 지낼 수 있다는 것도 배우게 된다.

할머니랑 지내면 버릇없이 자랄까요 ✕

아이는 혼자서 키우는 것이 아닙니다. 어른들의 지혜를 빌려 오기도 하고, 아이를 먼저 키워 본 엄마들의 조언을 듣기도 하지요. 엄마의 생각대로, 육아서에 나와 있는 대로 자라는 아이는 없습니다.

엄마보다도 할머니와 함께 있는 시간이 더 많은 경우, 대부분 육아에 대한 의견 차이로 크고 작은 마찰이 생기기 마련입니다. 육아 문제에 대한 견해 차이는 부부간에도 생길 수 있는 문제입니다. 만약 할머니 손에 맡겨야만 한다면 마음으로 믿고 맡기세요. 그리고 아이를 돌봐 주시는 데 대한 고마움을 충분히 표현하세요. 그런 상태에서 조금씩 대화로 육아 문제를 풀어 나가야 합니다.

아이에 대해 가장 잘 알고 있는 사람은 부모입니다. 이 점을 서로 이해하고, 다른 사람들의 지혜를 참고하세요. 서로 도움을 주고 받으면서 아이를 주위 사람들과 함께 키운다면 정신적·육체적으로 건강한 아이로 자랄 수 있습니다.

모기에 물렸을 때 침을 발라도 될까요

여름이 되면 피부가 노출되므로 벌레에 잘 물립니다. 특히 아이는 더 잘 물립니다. 아이는 가려워서 물린 곳을 심하게 긁게 되고 염증이 나 화농이 생기기도 합니다.

엄마는 아이가 벌레에 물린 곳을 긁지 못하게 해야 합니다. 아이의 손톱을 짧게 깎아 주고, 물린 부위와 손을 자주 깨끗이 씻어 주어야 합니다.

아이가 벌레에 물려 몹시 가려워 하니까 침을 발라 주는 엄마들이 아직도 있는데, 침을 바르면 침이 증발하면서 체온을 빼앗아 가서 물린 데가 차가워지기 때문에 잠깐은 시원하다고 느낍니다.

하지만 우리 몸에서 병균이 가장 많은 곳은 입이고, 침에도 병균이 있습니다. 자칫하면 약한 아이에게 병균이 옮아 부어 오르고, 더 심해지면 곪을 수도 있으니 주의해야 합니다.

아이에게는 전기 담요가 나쁜가요

아이는 활동적이고 땀이 많기 때문에 난방을 어른과 똑같이 해주면 안 됩니다. 아이가 잘 놀면서 약간 땀을 흘리는 상태라면 아이에게는 더운 것입니다.

아이를 재울 때는 어른에 비해서 옷을 한 장 정도 적게 입히는 것이 좋습니다. 아이는 움직임이 많으므로 아이의 몸보다 큰 이불을 덮어 주어야 합니다.

전자 제품에서 나오는 전자파는 스위치를 꺼도 플러그를 콘센트에서 뽑지 않으면 계속 나옵니다. 전자파는 가정에서 쓰고 있는 여러 가지 가전 제품 중 전기 담요가 가장 높다고 합니다. 전기 담요를 취침중에 계속 사용하면 오랜 시간 전자파에 노출되므로 인체에 좋지 않은 영향을 줍니다.

전자파는 수면에 장애를 주므로 몸을 피로하게 하고, 면역력을 떨어뜨립니다. 또한 수면 주기에 영향을 주고, 백혈병의 발병 빈도를 높입니다. 더구나 불량 품질의 전기 담요는 두통이나 심장 박동에 이상을 가져올 수 있다고 합니다.

만약 전기 담요를 사용해야만 한다면, 아이가 잠들기 전에 켜 두어서 이불을 따뜻하게 해주고 아이를 재울 때는 끄는 것이 좋습니다. 담요 위에는 얇은 요를 한 장 더 깔아 주면 전자파를 어느 정도 줄일 수도 있습니다.

아이에게 적당한 실내 환경

· 실내 온도는 섭씨 18~22도 정도면 적당하고, 체온은 옷이나 이불로 조절한다.

· 아이가 있는 방을 무조건 덥게 해주면 탈수가 오기 쉽고 땀띠도 생기기 쉽다. 따라서 아이가 땀을 흘리면 옷을 갈아입히고 실내 온도가 적당한지 점검해야 한다.

· 실내 습도는 50~60퍼센트가 적당하다. 겨울철에는 난방 기구도 사용하고 건조하기 쉬우므로 가습기를 사용하거나, 실내에 젖은 세탁물을 널어 두는 것이 좋다.

· 난방을 밤새도록 가동시키면 너무 더워지거나 열풍에 의해 건조해지므로 난방 기구는 잠들기 전에 끄도록 한다.

· 난방 기구를 사용할 때에는 한두 시간에 한 번씩 환기를 해준다. 난방 기구로 인해 오염된 공기를 신선한 것으로 갈아 주게 되고, 너무 더워지는 것도 방지해 주기 때문이다.

모기향이 아이에게 나쁜가요

모기향이 모기를 죽이므로 몸에 전혀 해가 없다고 할 수는 없습니다. 하지만 신장이나 간장에 영향을 미칠 정도의 독은 아닙니다. 오히려 모기향에서 나오는 독보다는 모기에 물리는 것이 더 해롭습니다.

아이가 모기에 물린 곳을 긁어서 피부에 염증이 생기기도 합니다. 모기에 물리기만 해도 전신에 습진처럼 알레르기를 일으키는 아이도 있습니다. 따라서 모기향의 독을 걱정하기보다는 모기에 물리지 않도록 하는 것이 더 중요합니다.

모기향을 피울 때는 사용법에 유의해야 합니다. 밀폐된 좁은 방에 모기향을 피운 채 아이만 재워서는 안 됩니다. 아이를 방에 들여 보내기 전에, 먼저 모기향을 피워 모기를 모두 없앤 후, 모기향을 끄고 나서 모기가 들어오지 않도록 환기를 시킨 후, 아이를 데리고 들어가는 것이 가장 올바른 방법입니다.

장난감을 어떻게 골라야 할까요

아이들 장난감은 어떤 것으로 골라야 할까. 아이가 어느 정도 자라서 장난감을 가지고 놀다 보면 다치는 경우가 종종 있습니다. 피부에 상처가 나기도 하고 장난감 조각을 삼키기도 하며 골절상을 당하기도 하지요. 따라서 부모는 아이의 연령에 맞는 장난감을 선택해 주고 안전하게 갖고 놀도록 보살펴 주어야 합니다.

장난감 고를 때 유의 사항

· 장난감에 표시된 사용 연령, 주의 사항 등을 반드시 읽어서 아이 능력과 발달에 맞는 장난감을 사 준다.
· 작은 물체는 입에 넣기 쉬우므로 너무 작거나 쉽게 분리되는 것은 사 주지 않는다.
· 손과 손가락 운동을 활발하게 해주는 장난감을 산다. 작은 자동차나 비행기, 악기, 공 등이 좋다.
· 폐품을 이용해서 집에서 장난감을 만들어 줄 수도 있다. 아이와 함께 만들면 아이는 창의성이 길러진다.
· 장난감을 가지고 아이와 놀 때는 부모 중심이 아닌 아이 중심으로 놀 수 있도록 한다.

아이는 여름에 약한가요

어른들 중에서도 여름을 더 잘 견디는 사람이 있고, 겨울에 더 강한 사람이 있습니다. 그러므로 엄마가 더위에 강하다고 해서 아이도 태어나면서부터 더위에 강하다고 생각하면 안 됩니다.

아이는 특히 더위와 여름에 약합니다. 더우면 식욕도 떨어지고 체력도 많이 소모되기 때문에 체중도 잘 늘지 않습니다. 그러므로 나이가 어린 아이일수록 쾌적한 환경을 만들어 주고, 아이의 식욕을 돋울 수 있는 음식을 만들어 주어야 합니다.

여름에는 음식이 쉽게 상하므로 조리를 한 후 여러 날 동안 보관해서는 안 됩니다. 음식이 냉장고에 있으면 상하지 않을 거라고 생각하는 것도 위험합니다. 아이는 저항력이 약하기 때문에 어른에 비해 쉽게 탈이 납니다. 어른에게는 가벼운 설사 정도로 끝날 식중독이 아이에게는 목숨을 위태롭게 하는 탈수를 일으킬 수도 있습니다. 아이에게는 언제나 금방 만든 것, 잘 익은 것만 먹이세요.

여름철 건강 관리

- 장마나 태풍 등으로 일교차가 심할 때는 긴팔 옷이나 파자마를 입혀서 밤이나 새벽에 체온이 떨어지지 않도록 한다.
- 에어컨을 사용할 때는 실내외 온도가 섭씨 5도 이상 차이 나지 않게 하고, 한 시간에 한 번 정도 환기를 시켜 준다.

- 땀띠, 기저귀 발진 등 여름철 피부 질환을 예방하기 위해서는 정기적으로 하는 목욕 이외에 1, 2회 정도 미지근한 물로 가볍게 샤워를 시킨다. 너무 찬 물은 좋지 않으며, 비누도 사용하지 않는다.
- 목욕 후에는 물기를 깨끗이 제거하고 유아용 분을 발라 준다. 유아용 분은 피부병이 발병한 상태에서는 사용하지 않는다.
- 옷을 벗겨 놓으면 땀이 차서 피부에 염증이 생긴다. 면 소재의 얇은 옷을 입혀 땀을 흡수하게 하고, 자주 갈아입혀 준다.
- 사타구니가 헐기 쉬우므로 기저귀를 잘 관리해 준다.
- 기저귀는 반드시 삶아서 햇볕에 말려 사용한다.
- 배꼽에도 땀이 많이 차기 때문에 세균 감염이 쉽다. 배꼽에 땀이 차면 소독된 거즈로 살살 닦아 준다.
- 잠을 잘 때는 땀을 많이 흘리므로 목 뒤나 머리, 등에 땀띠가 생기기 쉽다. 베개에 수건을 깔고 중간에 한번 갈아 준다. 이불을 덮지 않으면 배탈이나 설사가 나기 쉬우므로 배는 꼭 덮어서 재운다.

냉방 기구를 아이 가까이 두어도 되나요

지구 평균 온도가 높아지고, 도시 기온이 상승하면서 여름에는 성인들도 냉방 기구에 의존하지 않으면 더위를 견디기 힘듭니다. 더구나 온도 변화에 익숙하지 않은 아이는 여름이 너무나 힘듭니다. 냉방 기구를 구입할 것까지는 없지만, 이미 있다면 잘 활용해서 쾌적한 실내 온도를 유지해 주면 좋겠지요.

냉방을 할 때에는 다른 방과의 온도 차이에도 신경을 써야 합니다. 사람의 몸은 환경에 적응하는 데 어느 정도 시간이 필요해서, 체온이 급격히 변하는 것은 몸에 매우 좋지 않습니다.

아이가 있는 실내에 냉방 기구가 계속 작동되고 있거나, 냉방 온도를 어른이 쾌적하다고 느껴지는 정도에 맞추었다면 아이에게는 옷을 한 장 더 입히는 것이 좋습니다.

선풍기를 사용할 때에도 조심해야 합니다. 선풍기는 바람이 닿는 부분만 차가워지기 때문에 체온의 균형이 깨지기 쉽습니다. 선풍기 바람이 아이 몸에 직접 닿지 않도록 하고, 방향을 회전시켜서 체온을 유지시켜야 합니다.

아이를 데리고 백화점에 가도 괜찮을까요

쇼핑은 상황에 따라 결정해야 하는 일입니다. 엄마가 장을 보러 간 사이에 아이를 돌봐 줄 사람이 없다면 데리고 가야겠지요. 돌봐 줄 사람이 있다면 데리고 가지 않아도 됩니다.

다만 아이를 데리고 나가야 한다면 가능하면 사람이 적은 시간에 다녀 오는 것이 좋습니다. 백화점이나 시장은 오전에 사람이 적습니다.

2개월 정도의 아이는 고개를 자유롭게 가누지 못하므로 가급적 먼 곳에 가거나 장시간 밖에 있는 것은 피해야 합니다. 대부분 아이가 3, 4개월 정도 지나 고개를 잘 가눌 수 있게 되면, 엄마는 아이를 데리고 외출을 자주 합니다. 하지만 이 시기의 아이는 태내에서 엄마로부터 받은 면역 물질이 적어지므로 질병에 걸리기 쉽습니다. 따라서 불필요하게 사람이 많은 곳에는 데리고 가지 않는 것이 좋습니다.

손톱을 밤에 깎아도 되나요

할아버지 할머니들은 밤에 손톱을 깎으려고 하면 깜짝 놀라시며 '밤에는 깎지 말라'고 하십니다. 우리 할머니 할아버지가 살던 시대는 조명 시설이 좋지 않았기 때문에 밤에 손톱을 깎다보면 너무 깊숙이 자르거나 상처를 입기 쉬워서 그런가 봅니다.

요즘에는 조명 시설이 좋아져서 밤에 손톱을 깎아도 이런 염려가 없습니다. 밤에 목욕을 하는 사람은 목욕을 하고 나서 손톱을 자릅니다. 아이도 잘 먹고 잘 놀고 난 후에 목욕을 시키면 기분 좋게 잠이 듭니다. 목욕 후에는 손톱도 부드러워져서 깎기가 아주 좋지요. 낮 시간 동안에는 엄마도 여러 가지 일로 바빠서 차분히 깎아 주기가 힘듭니다. 그러므로 아이가 깊이 잠든 저녁 시간을 이용합니다.

아이의 손톱을 깎을 때는 너무 깊이 깎아서 상처가 나지 않게 조심하세요.

왼손잡이를 오른손잡이로 고쳐 주어야 하나요

스포츠 도구나 일상 생활에 쓰이는 도구는 대부분 오른손을 사용하는 사람들을 위해 만들어졌기 때문에 왼손잡이에게는 불편합니다.

왼손잡이에도 여러 가지 유형이 있습니다. 젓가락은 오른손으로 사용하고 공을 던질 때는 왼손을 쓰는 사람이 있는가 하면, 무조건 왼손만 쓰는 사람도 있습니다.

아이에게는 아무리 오른손을 쓰라고 강요해도 잘 고쳐지지 않습니다. 반드시 오른손을 써야 한다고 강요하는 것 자체가 아이에게는 상당한 스트레스가 됩니다. 이것은 오른손잡이에게 억지로 왼손을 쓰라고 하는 것과 같은 것으로, 생활의 불편을 덜어 주려다가 오히려 아이에게 정서 장애를 가져 올 수 있습니다.

되도록이면 양손을 모두 사용할 수 있게 유도하세요. 양손을 모두 사용하게 되면 양쪽 두뇌가 골고루 발달할 수 있습니다. 왼손은 오른쪽 뇌의 발달로 예능적인 면을 발달시킬 수 있습니다. 만약 고치기가 힘들다면 그냥 왼손을 쓰게 내버려 두세요.

코피가 나요

코피는 코를 지나치게 세게 풀거나 감기로 인해 염증이 생겼을 때 나옵니다. 코피는 코 앞쪽에서 나는 것과 깊숙한 안쪽에서 나는 것이 있습니다. 깊숙한 곳에서 나는 것은 잘 멈추지 않지만, 앞쪽에서 나는 것은 흘러 내리는 것만 닦아 내면 5분 정도면 멈춥니다. 아이의 고개를 앞으로 숙이게 해서 손가락으로 10~15분 정도 코를 잡아 줍니다. 이때 얼음 주머니나 찬 물수건으로 코를 찜질하면 효과가 좋습니다.

코를 솜으로 막아 주는 것은 좋은 방법이 아닙니다. 어느 정도 시간이 지나 멈추었을 것으로 생각하고 솜을 뽑아 낼 때, 다시 자극을 받아 겨우 멈춰진 코피가 다시 터질 수도 있습니다. 코피를 닦을 시간이 없어서 솜으로 막아야 한다면 솜에 항생 물질이 들어있는 연고를 묻혀서 막아 주세요. 10~20분이 지나도 멈추지 않는다면 바로 이비인후과에 가야 합니다.

실내가 지나치게 건조할 때도 코피가 날 수 있으므로 습도 조절을 잘하는 것도 코피를 예방하는 방법입니다.

코피가 한 번 난 자리는 상처가 아물기 시작하면서 딱지가 생기는데, 이 부위를 다시 건드리면 딱지가 떨어지면서 다시 코피가 납니다. 아이가 코를 후비지 않도록 해주세요.

코피를 멎게 하는 방법

· 머리를 뒤로 제껴 코피를 빨리 멎게 한다는 것은 잘못이다. 고개를 들면 코피가 입을 통해 위로 들어가게 된다. 피는 소화가 안 되는 물질이기 때문에 위에 장애가 생길 수 있다.

· 고개를 앞으로 숙이게 해서 손가락으로 10~15분 정도 코를 잡아 준다.

· 얼음 주머니나 찬 물수건으로 코를 찜질하면 효과가 좋다.

추워도 외기욕을 시켜야 하나요

조금씩 시간을 늘려 나가며 아이를 햇빛에 노출시키면 아이의 피부는 스스로 방어할 수 있을 만큼 강하게 될 수 있습니다.

외기욕을 해야 한다고 아이를 반드시 밖으로 데리고 나가야 하는 것은 아닙니다. 예전에는 비타민 D를 체내에서 만들기 위해서 외기욕을 반드시 해야 한다고 생각했습니다. 그러나 요즘에는 영양이 충분하기 때문에 외기욕이 절대적으로 필요하다고 생각되지는 않습니다.

외기욕은 건강 측면뿐만 아니라 햇빛의 눈부심을 느껴 보고 자연의 소리나 바람, 공기 등을 직접 느껴 보는 데도 의미가 있습니다. 외기욕은 집 안에만 있는 것보다는 안전한 장소에서 자유롭게 놀 수 있게 하고, 아이의 행동 반경도 넓힐 수 있는 매우 좋은 기회입니다.

하루도 빠짐 없이 외기욕을 해야 하는 것은 아닙니다. 겨울에도 햇빛이 좋은 날씨라면 모자나 장갑으로 충분히 보온을 해서 밖의 공기가 얼마나 차가운지를 아이도 느껴 볼 수 있게 하세요. 아이도 겨울이 무엇인지 알아야 하니까요. 하지만 어른이 느끼기에도 추운 날씨에는 무리해서 나가지 마세요.

오전 11시에서 오후 3시까지는 자외선이 강하므로 이 시간대를 피해서 외기욕을 시켜 주세요. 햇빛으로 인한 화상의 위험을 줄이기 위해서는 직사광선을 차단하는 챙이 큰 모자와 편한 옷을 입혀 강한 광선으로부터 보호해 주어야 합니다. 특히 아이를 유모차에 태운 채 바깥에서 재울 때는 주의해야 합니다. 직사광선의 후유증은 즉시 나타나지 않고 한참 후에 나타나기도 하므로 주의하세요. 햇빛에 잘못 그을리면 구토와 발열이 날 수도 있으므로, 햇빛에 데인 곳은 붉은 기운이 완전히 사라질 때까지 치료에 세심한 주의를 기울여야 합니다. 물집이 생기지 않았고 그을린 범위가 좁으면 연고나 로션을 발라 주세요. 화상이 심하다면 소독 가제를 덮고, 바로 의사의 진찰을 받아야 합니다.

외기욕 할 때 유의 사항

- 머리 뒤쪽에서 빛이 내리쬐면 속눈썹이 그늘을 만들어 주어서 눈을 보호하게 된다.
- 해변이나 풀장 주위는 피한다. 햇빛이 모래나 물에 반사되어 두 배 이상 강하다.
- 면 수건이나 면 담요를 깐 다음 그 위에 눕힌다. 플라스틱 표면은 땀을 흡수하지 못하기 때문이다.

119

반점은 모두 없어지나요

반점에는 혈관을 구성하는 세포가 늘어나서 생기는 붉은 반점과 멜라닌 색소를 만드는 세포의 이상으로 생기는 푸른 반점이 있습니다.

아이의 눈꺼풀이나 이마에 생기는 붉은 반점은 대부분 시간이 지나면 없어집니다. 불긋불긋하게 딸기같이 생기는 혈관종도 4, 5세 정도 되면 자연적으로 사라집니다. 몽고 반점이라고 하는 엉덩이의 푸른 반점 역시 초등 학생 정도 되면 저절로 없어집니다. 하지만 '포토 와인 스테인'이라고 부르는 붉은 반점이나 눈 아래 또는 얼굴 반쪽에 생기는 푸른 점은 사라지지 않습니다.

점은 종류에 따라 계속 남아 있는 것이 있고, 성장하면서 사라지는 것이 있는가 하면 더 커지거나 작아지는 것도 있습니다. 피부과에서 검사를 받으면 그 여부를 알 수는 있지만, 아이가 어느 정도 성장할 때까지 기다려 보는 것이 좋습니다.

물놀이 갈 때는 이렇게

아이는 대부분 물을 좋아합니다. 아이가 처음으로 바다나 강 또는 수영장에 갔을 때 놀라는 것은 물 때문이 아니라 물의 온도가 너무 차갑기 때문입니다. 아이는 따뜻한 물에만 익숙해 있기 때문에 차가운 물에 익숙해지려면 시간이 걸립니다.

물속에서 아이는 철썩철썩 물장구를 치기도 하고, 바닷가 모래사장이나 얕은 물속에서 걸어 보기도 합니다. 이럴 때는 항상 아이를 지켜보면서 보호해 주어야 합니다.

아이는 나름대로 물속에서 노는 방법을 발견하게 됩니다. 아이는 바닥에 발이 닿을 때 훨씬 안정감을 느낍니다. 엄마는 물놀이를 아이에게 맞도록 재미있게 만들어 주어야 합니다.

아이가 수영을 할 때는 반드시 지켜 보아야 합니다. 아이가 매우 얕은 곳에서 논다고 해서 몇 살 위인 형에게 아이를 돌보게 해서는 안 됩니다. 형이 물놀이의 재미에 빠져 동생을 잊어버릴 수도 있습니다.

실외 수영을 할 때는 항상 태양을 조심해야 됩니다. 아이 피부는 매우 연약하기 때문에 햇빛에 잠시만 노출되어도 다치기 쉽습니다. 엄마는 아이에게 색깔 있는 긴 소매의 셔츠를 입히고, 얼굴이나 노출된 부분의 햇빛을 차단시키는 로션을 발라 주세요.

아이가 계속 딸꾹질을 해요

딸꾹질은 병이 아닙니다. 들이쉬는 숨이 방해되어 내는 소리입니다. 아이는 횡경막을 지배하는 신경이 예민하기 때문에 사소한 자극에도 딸꾹질을 일으키고, 잘 멈추지도 않지요.

이때는 아이를 안아서 등을 쓸어 주어 트림을 시키거나 보리차를 마시게 해줍니다. 조금 큰 아이들은 병원에서 의사들이 목을 들여다 보는 것처럼 수저로 혀를 깊숙이 눌러 구역질이 나게 하거나, 설탕을 혀 위에 얹고 빨아 먹게 하면 대부분 금방 멈춥니다.

딸꾹질이 잦고, 한번 시작되면 잘 멈추지 않아 걱정을 하는 엄마들은 아이의 발바닥을 손가락으로 튕겨 때리도록 합니다. 아이가 울고 나면 딸꾹질을 곧잘 멈추기 때문입니다. 평소에 너무 과식시키거나 춥게 하지 않으면 딸국질 빈도를 줄일 수 있습니다.

딸꾹질이 왜 날까

딸꾹질은 횡경막이 경련을 일으켜서 나오는 것이다. 횡경막은 폐와 배 사이에 있는 근육막으로, 호흡하는 것을 도와 준다. 간장과 위 등의 장기와 바짝 붙어 있어, 이 장기들의 자극으로 횡경막이 비정상적으로 운동을 하는 것이 바로 딸꾹질이다.

아이는 신경이 예민하기 때문에 수유를 한 후에 위가 늘어났을 때 딸꾹질이 잘 일어난다. 딸꾹질은 수분 내에 멈추게 되므로 크게 걱정할 필요는 없다.

딸꾹질을 멈추는 방법

- 트림을 시킨다.
- 보리차를 마시게 한다.
- 구역질이 나게 한다.
- 설탕을 먹인다.
- 살짝 울게 한다.
- 과식시키지 않는다.
- 너무 춥게 하지 않는다.

자동차 여행을 할 때는 이렇게

부모는 아이가 어느 정도 자라면 같이 여행을 하고 싶어합니다. 하지만 아이를 데리고 여행을 한다는 것이 그리 쉬운 일만은 아니지요.

유아용 안전 의자는 차멀미를 예방해 주고, 아이가 차 안에서 얌전히 있게 해주며, 운전자의 주의 산만으로 인한 사고를 감소시켜 줍니다. 안전 의자는 뒤를 보고 앉도록 설치되어 있거나, 앞뒤 모두 보고 앉을 수 있는 것이 있습니다. 앞을 보고 앉거나, 필요에 따라 떼어낼 수 있는 안전판이 있는 것도 있지요. 그러나 안전 의자는 가능하다면 차 뒷자리에 둡니다.

안전 의자를 살 때에는 부모의 차에 잘 맞는지, 안전 벨트가 안전 의자와 잘 맞는지 확인해야 합니다. 더운 날씨에는 안전 의자에 천이나 수건을 씌워서 아이가 편안한 기분을 갖게 해주세요.

부모의 안전 벨트에 대한 태도도 중요합니다. 부모가 안전 벨트 착용을 필수적인 것으로 생각하여 항상 안전 벨트를 매면, 아이들도 안전 의자에 앉아 안전 벨트 매는 것을 자연스럽게 받아들입니다.

안전 벨트에 어깨 띠가 있다면, 아이가 안전 의자에 앉을 때 안전벨트 잠금 장치가 필요합니다.

에어백은 차가 추돌 사고를 일으켰을 때 자동적으로 공기가 들어가서 앞 좌석에 탄 사람들을 충격으로부터 보호해 줍니다. 하지만 아이에게는 위험하다고 알려져 있습니다. 에어백이 장착된 자동차에서는 아이를 꼭 뒷좌석에 태우도록 합니다.

자동차에 아이를 태울 때 유의 사항

· 차 문을 닫을 때 아이의 손이 끼이지 않도록 주의한다.
· 차 안에 아이를 혼자 남겨 두고 볼 일을 보러 가는 것은 절대로 안 된다. 호기심이 많은 아이는 자동차 안에 있는 여러 가지 것들을 만지고, 안쪽에서 문을 잠궈 버리기도 한다.
· 여름에는 차가 너무 빨리 더워져서, 겨울에는 난방으로 인해 공기가 탁해져서 질식사하기도 한다.
· 차량이 충돌을 하면 부모와 앞 좌석 사이에 눌리거나, 차 밖으로 튕겨 나갈 수도 있으니 항상 조심해야 한다.
· 차에서 얌전히 지내면 칭찬을 충분하게 해준다. 반면 아이들은 지루하면 말썽을 피울 수 있으므로 아이가 좋아하는 장난감이나 과자를 준다.
· 아이들이 떼를 써도 안전 벨트를 풀어 주면 안 된다. 그럴 때에는 잠깐 휴식을 취한다.
· 장거리 여행을 할 때에서는 자주 쉬어야 한다. 나이 든 어린이는 가벼운 식사를 하게 해주고, 10~15분간 놀게 한다.

제6장 육아법에도 세대 차이가 있어요

모유는 마사지를 열심히 하면 나오나요

모유는 마사지를 하면 어느 정도는 나옵니다. 양적으로 아이가 배부르게 먹을 수 있는 정도는 안 될 수도 있지만, 대부분 필요한 만큼 나옵니다. 그러므로 젖이 나오는대로 아이에게 먹이는 것이 좋겠지요.

아이에게 모유를 먹여야 하는 이유는 면역 물질이 들어있기 때문이기도 하지만, 젖을 먹을 때 아이가 안정감을 느끼기 때문입니다. 모유를 먹을 때 아이와 엄마의 정은 더 깊어지지요.

열심히 모유를 먹여도 아이 체중이 늘지 않거나, 의사와의 상담을 통해 아이에게 우유를 먹여야 한다면 모유를 먹이면서 우유도 필요한 양만큼 먹이는 것이 좋습니다. 되도록이면 의사와 상담하세요. 그러면 모유가 잘 안 나오는 원인을 치료할 수도 있고, 아이에게 문제가 있는 경우에는 병을 발견해서 치료하는 데 큰 도움이 됩니다.

모유를 먹일 때 술을 먹어도 되나요

엄마들도 친구들이나 친척 등 여러 사람과 모이면 술을 먹게 되지요. 술을 마실 때에도 엄마들은 아이 생각을 해야 합니다.

엄마가 먹은 것은 모유를 통해서 아이에게 전달됩니다. 식욕을 돋우는 정도의 적은 양의 술을 마셨다면 아이에게 가는 알코올의 농도도 적어서 큰 영향을 미치지 않겠지만, 엄마가 취할 정도로 많은 양을 마셨다면 아이에게 견디기 힘든 알코올이 전달되는 것입니다.

모유를 먹이는 엄마라면 되도록이면 술을 피하는 것이 좋습니다. 마시게 되더라도 매우 약간만 마시는 것이 좋습니다.

가끔 마시는 정도는 문제가 없지만 상습적인 알콜 섭취나 흡연은 아이와 엄마 모두에게 해롭습니다.

모유를 먹일 때 약물 복용에 주의해야 해요

약물을 포함한 많은 물질들은 엄마의 젖을 통해 아이에게 전달됩니다. 따라서 엄마가 약을 먹어야 한다면 의사에게 젖을 먹이고 있다는 사실을 알려야 합니다.

먹는 피임약은 젖의 질을 변화시킬 수 있습니다. 그러므로 대부분 의사들은 수유 기간 동안에는 피임약을 먹지 말라고 합니다.

엄마가 활동성 결핵일 경우에는 수유를 하지 말아야 합니다. 결핵균이 감염될 수 있고, 엄마가 약을 꾸준히 먹어야 하므로 아이의 체내에 약 성분이 축적될 수 있기 때문입니다. 증상이 호전되거나 감염성이 없어졌다 해도 의사와 꼭 상의하세요.

엄마가 갑상선 기능 항진증이 있어 치료를 하고 있다면 모유를 먹이지 않도록 합니다. 자칫하면 아이에게 갑상선 기능 저하증이 일어날 수 있기 때문입니다. 만약 증세가 가볍다면 모유를 먹일 수도 있으므로 의사와 상의하도록 하세요.

기생충 약은 임신중에는 태아에게 영향을 주므로 복용하지 않아야 하지만, 수유중에는 상관없습니다. 안심하고 아이에게 모유를 먹이셔도 됩니다.

약의 종류에 따라서 적게 먹는다고 해도 모유를 통해서 많은 양이 나와 아이에게까지 영향을 미치는 약도 있습니다. 어떤 약이라도 일단 의사와 상담한 후에 복용하십시오.

초유는 아이 낳고 처음 나오는 모유인가요

　초유는 처음으로 나오는 모유만이 아니라, 출산 후 일주일 정도까지 나오는 모유를 모두 말하는 것입니다. 초유는 임신 7개월부터 유방에서 생산됩니다. 무척 진하고, 끈끈하며 짙은 노란색을 띠는데, 조제분유와는 비교할 수 없는 영양분이 들어있습니다.

　초유에는 단백질과 비타민 A가 풍부합니다. 초유에 포함된 단백질은 우유보다 훨씬 부드러운 상태여서 아이의 위에서 쉽게 소화되고 몸에 거의 흡수됩니다. 초유에는 면역 글로블린 A가 많이 포함되어 있습니다. 이 면역 글로블린 A는 아이의 여러 기관이나 소화관 점막에 분포하여 세균이나 바이러스에 대한 면역을 생기게 합니다. 예를 들면 소아마비 2형이나 에코-7형의 항체는 초유에 많이 포함되어 있습니다.

　초유를 충분히 먹이려면 아이에게 젖을 자주 물려야 합니다. 수유를 하기 전에 유방을 마사지해 주면 젖이 원활하게 나올 수 있습니다. 보통 출산 3일경에는 젖이 원활하게 분비되는데, 양쪽 젖을 번갈아 먹이세요. 초유에는 이렇게 아이에게 좋은 것들이 많이 들어있으므로 가능한 먹여야 합니다.

엄마가 변비면 아이도 변비가 되나요

요즘에는 변을 규칙적으로 보지 못하는 아이가 많은 것 같습니다. 예전과 달리 거친 음식을 먹지 않아서인지 2, 3일에 한 번만 변을 보는 아이도 많아졌습니다. 아이들뿐만 아니라 많은 엄마들도 변비로 고생을 하고 있지요.

사람들은 아이와 엄마를 무조건 연관해서 생각하기 때문에 변비인 엄마의 젖을 먹으면 아이도 변비가 된다고 생각하는데, 사실은 그렇지 않습니다. 모유는 아이의 변비와는 관계가 없습니다.

변비는 매일 정기적으로 변을 보다가 어쩌다가 거르는 상태가 아니라, 변을 보지 못하는 상태가 계속 되면서 배변에 곤란을 느끼는 것을 말합니다. 2, 3일에 한 번이라도 아이가 딱딱한 변이 아닌 부드러운 변을 본다면 괜찮습니다.

젖을 떼려면 어떻게 해야 하나요

젖이 아주 적게 나올 때는 젖떼기가 쉬운데, 아이에게 젖을 주지 않고 기다리기만 하면 됩니다. 일부러 젖이 나오지 않게 하기 위해 유방을 붕대로 감싸거나 수분 섭취를 제한할 필요는 없습니다. 젖이 너무 불어서 불편하다면 잠깐 동안 젖을 줄 수는 있습니다. 이렇게 하면 유방을 자극하지 않으면서 통증을 없애 줍니다.

젖이 어느 정도 나오고 있을 때 젖을 떼려면 좀더 천천히 진행해야 합니다. 마찬가지로 유방을 붕대로 감싸거나 수분 섭취를 제한할 필요는 없으며, 젖먹이는 횟수를 1회씩 줄여 봅니다. 유방이 불편할 정도로 붇지 않으면 규칙적으로 먹이던 모든 수유를 중단하고, 아플 때만 잠깐씩 젖을 먹게 합니다.

젖이 잘 나오는 경우라면 처음 시작부터 차츰차츰 진행해야 합니다. 먼저 하루에 한번 엄마 젖이 가장 적게 나올 때 수유를 생략하고 대신 분유를 약간 적게 먹입니다. 모유를 줄 시간이 아니더라도 젖이 불어 아플 때는 잠깐 동안 젖을 빨리거나, 손이나 착유기로 젖을 짜내어 통증을 없애 줍니다. 역시 수분 섭취를 제한할 필요는 없습니다.

엄마가 심하게 아프거나 급한 일로 멀리 가야만 하는 등 갑자기 젖을 떼야 할 때도 있습니다. 이때는 수분 섭취를 제한하고 붕대로 유방을 단단히 조이며 얼음 찜질을 해주세요. 더 좋은 방법은 젖이 불어 아플 때마다 착유기나 손으로 젖을 짜내는 것입니다.

모유가 갑자기 줄어 아이가 매우 배고파 보이면 분유로 보충해 주어야 합니다. 모유를 먹인 후에 매 식사 때마다 분유를 주되, 아이가 원하는 만큼 또는 약간 적게 먹입니다. 모유가 아주 서서히 줄고 아이도 그렇게 배고파 하지 않는다면 분유를 한 번만 주는 것이 좋습니다.

모유에서 분유로 바꿀 계획이라면 젖을 충분히 줄 수 있다 해도 적어도 일주일에 한 번쯤은 분유를 주는 것이 좋습니다. 분유를 먹어 보지 않은 아이는 젖에 너무 길들여져서 정작 분유만을 먹이려 할 때 힘들게 되기 때문입니다.

아이 혼자서 컵을 쥘 수 있게 되면 먹을 것도 컵에 주고, 아이가 더 먹기를 원하면 양도 점차 늘립니다. 식사 후에 젖을 먹이는 것은 계속해도 됩니다. 아이가 젖떼기를 받아들이는 것처럼 보일 때는 저녁에 주던 모유도 생략해 봅니다.

엄마가 설사할 때 모유를 먹여도 되나요

엄마가 설사를 할 때 모유를 먹인다고 해서 아이가 설사를 하는 것은 아닙니다. 바이러스에 의한 설사라면 모유에 의해서 감염되었다기 보다는 엄마의 손을 통해 감염될 가능성이 높지요. 엄마가 감기에 걸렸을 때에도 마찬가지입니다.

그러므로 엄마는 옷이나 손을 항상 깨끗이 해야 합니다. 수유하기 전에는 반드시 손을 비누로 깨끗이 씻고, 설사를 한다든지 감기에 걸렸을 때는 더욱 주의해야 합니다.

육아법에도 세대차이가 있어요

아이를 키우는 방법에도 세대 차이가 있습니다. 이유식을 언제 어떻게 먹여야 하는지, 엎어 재우는 것이 좋은지, 바로 재워야만 하는지 등 여러 가지 의견들이 많습니다.

예전 어른들이 우리들을 그렇게 길렀다고 해서 반드시 따라해야 하는 것도 아니고, 새로운 방법으로 무조건 바꾸어야 하는 것도 아닙니다. 육아에 있어서 기본적인 것은 바로 따뜻한 사랑으로 돌보아야 한다는 것입니다. 아무리 좋은 환경이라도 부모로부터 사랑을 받지 못한 아이는 올바르게 자랄 수 없습니다.

밤에 조용한 환경에서 잠을 재우고, 낮에 활동적으로 즐겁게 놀 수 있도록 해주는 것은 어떤 시대와 문화에서도 변함 없는 육아 원칙입니다. 하지만 현대의 부모들 중에서는 밤낮의 생활 주기가 바뀐 사람들이 있습니다. 그렇다면 아이들도 야행성이 될 수 있지요. 육아의 구체적인 방법들은 시대와 문화, 부모에 따라서 달라지기 마련입니다.

지은이 **호소야 료타** · 옮긴이 **안미연** · 펴낸이 **이주현** · 편집팀 **류은영 민혜숙 정소연** · 마케팅팀 **정도준 정병인**
펴낸곳 **도서출판 예문** · 등록번호 **제5-477호** · 등록일 **1995년 3월 2일** · 전화 **953-0304** · 팩스 **953-0306**
주소 **서울시 동대문구 용두2동 724-1 화성빌딩 301호** · 초판1쇄 발행일 **2000년 7월 15일** · ISBN **89-86834-71-5**